「自分にしかできないこと」以外、捨てなさい

人生に「余白」をつくる5つのコツ

臼井由妃 Yuki Usui

青春出版社

はじめに

捨てた分だけ、新しいチャンスを拾えます

バブル景気やいざなみ景気を経験して痛切に感じるのは、これからは社会や経済の動きにとらわれず、「あなたにしかできないこと」で輝く時代。誰もができることをするだけの人は、必要でなくなります。

いわれた通りのことをこなすのならば、AIに譲ればいいわけです。

あなたが好きなことや得意なことを磨き、売り物にして、他の誰にも負けない武器を手に入れる——。

その第一歩が「捨てる」ということ。

「捨てる」といっても、本書で目指すのはシンプルライフではありません。

自分が本当にやりたいことに集中するための「スペース（余白）」をつくること。

新しいチャンスや出会いを呼び込むためには、スペース（余白）が必要だからです。

ここで、あなたに質問です。

❶「忙しい」が口癖になっていませんか?
❷何となく過ごしている時間がありませんか?
❸お金の心配に悩まされていませんか?
❹やらなければいけない日々の仕事に追われていませんか?
❺人に振り回されていませんか?
❻世間体を気にしていませんか?
❼「こんなに努力しているのに」と考えたことはありませんか?
❽「コロナ禍だから」で物事を捉えていませんか?

❶・❷が当てはまる人は「時間」、❸・❹は「仕事」、❺・❻は「人間関係」、❼・❽は「メンタル」が捨てられないジャンルといえます。

何を、どうやって捨てるかについては、それぞれ本編で明らかにしていきますが、あなたを縛り、足かせになっているものすべてを捨てるのです。

不思議なことに、思いきって「これまで」を捨てると、その分だけ必ず新しいチャンスが舞い込みます。身軽になった分、フットワークがよくなって、新しい考え方ができるようになり、新しい自分にふさわしい「新たな人生」が始まるのです。

実際、私は「捨て上手」になってから、人生がガラリと変わりました。それまで話す機会すらなかった方とご縁が生まれ、一緒に仕事をして相手には「社長賞」という成果。私にはロングセラー著者という自信を与えてくれました。

それだけではありません。業界の大物や時の人から声をかけていただいて、仕事を託されたり紹介してくださったり、応援してくださる方が次々と現れ、想像を超える幸運が続くようになりました。

8年前、私は住まいを東京から熱海に移しました。それと同時に培ってきた社長業に別れを告げ、執筆と講演、コンサルタントで身を立てると決めました。

プライドや見栄《みえ》、メンツを捨て、嫌な人とはきっぱり手を切り、つまらないつきあいを捨てました。うまくいく自信なんてない、不安でいっぱい。

でも、捨てた途端に、私の中に爽やかな風が吹き始めたのです。

もう一度生まれ変わって、チャンスをもらえたような心地よさ。

次々と素晴らしいものたちが押し寄せてくることに驚き、ひたすら感謝するばかりです。

そう、捨て始めたら自然と自分の心が開いていく。それにつれてプラスになるものが、どんどん引き寄せられてきたのです。

過去に縛られ、人やものに執着しているうちは、心は閉じたままです。冷静に周囲を見ることができませんし、新しい出会いやチャンスにも気づかない。たとえ気づいたとしても、拾うことができません。

誰もが新型コロナウイルスという見えない敵と戦う今は、チャンスなんて見つからない。閉塞感や虚無感にさいなまれているという方もいらっしゃる。

プラス思考が洋服を着ているような私でも、講演や勉強会の仕事はすべてキャンセルになり、この2年で数千万円を失ったのも同然の状態ですから、凹《へこ》みました。嘆きましたよ。

それでも負けずに明るく楽しく生きられるのは、失うものに執着せず、**思いきって捨ててしまえば、必ず新しいチャンスや気づきや愛情、豊かさが舞い込む**ことを知っているからです。

つまらない執着や見栄、今のあなたには必要のない過去のものたちを捨てましょう。

捨てることで、新しいものを受け入れる「余白」を用意するのです。

いいものたちが喜んでやってくるには、確かな「余白」が必要なのです。

その「余白」が用意できれば、あなたのやりたいことはすべてできます。

そんな幸せで充実した日々が待っているのです。

本書では、私の体験や幸せな成功者といわれる人たちの実例を踏まえ、嫌なものを賢く捨てる方法や、**成功するために必要なチャンスの拾い方などを、時間・仕事・人間関係・メンタルに沿ってお話ししていきます。**

チャンスを育てるのはあなたです。必ず花は咲きます。

臼井由妃

目次

第2章 捨てることで「余白の時間」を手に入れる
——「時間」を支配し、自分にしかできないことに集中するために

第3章 自分がやらなくてもいい仕事は8割！

――「仕事」は〝効率〟ではなく〝効果〟を考えて片づける

第4章

「いい人」になるのはやめなさい
――生産性の高い「人間関係」に必要なスクラップ＆ビルドとは

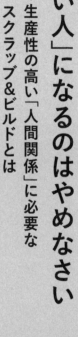

第5章 やりたいことを実現できる人の心の整え方
――ストレスフリーな自分に変わる、ちょっとしたコツ

本文デザイン　岡崎理恵

第①章

できる人は引き算思考

——なぜ、捨てるほど「成功」を引き寄せるのか

この章の狙い

軽やかにたちまち成果を出す人がいれば、その頑張りは皆が知るところであっても一向に成果が出ない人もいます。瞬く間にその道を究めて第一人者になる人もいれば、年月を重ねるばかりで芽が出ない人もいます。

その差はどこから生まれると考えますか？

運、才能、お金、努力、応援者やキーマンの存在……いろいろ頭に浮かんでくると思いますが、答えは**「不要なものを見極め、捨てる」引き算思考**。

捨てて残ったものが、その人の能力を開花させ、強くするのです。

私は政財界、芸能文化、昔ながらの職人から最先端の技術者、研究者など、様々な分野で活躍する多くの成功者といわれる方々と仕事をしてきましたが、共通していえるのは、革新的といえるほど彼らは即座に捨てている。

捨てることで、恐るべき速さで変化する世界を乗りこなしています。

本章では、できる人や成功者といわれる人が実践している「**時代に取り残されないために捨てるべきものごと**」をお話ししていきます。

彼らが何を捨て、何を残しているのかを知るのは、やりたいことをすべて手に入れる、成果を導く基本です。

急激な時代の変化を目の前にして、もやもやしているあなた。

捨てる習慣のない人のためのチェックリストで、芳しくない答えが出たあなた。

大丈夫です。

まずは本章で捨てることで得られる心地よさを知ってください。

それだけでも劇的に変化する人もいらっしゃいます。

では、「**引き算思考**」の旅へ向かいましょう。

成功者は何を捨て、何を残しているのか？

「いらないものを捨てるだけで、人生は大きく変わる！」

これは、成功する人が持つ共通認識です。

行動をためらったり、悩みや心配事が増えるときには、必ずといっていいほど、余計なものや人間関係に支配されています。


まずは仕事です。

どうもうまくいかないときや集中できないときには、今までのやり方を捨てましょう。

過去、その方法で成果が出たとしても捨てる。

今では通用しない過去の経験を物差しにしているから、判断を誤るのです。

コロナ禍の2年、古い考え方に縛られ、変わることができず倒産の憂き目にあった会社を私は数多《あまた》見てきました。

周囲からどう見られるか、評価されるかと気にする「こだわり」や、かつての成功体験から生じる「プライド」も捨てましょう。すると自然と仕事への取り組み方や人との接し方が変わって、素晴らしい評価を受けたり、チャンスが巡ってきます。


そして人間関係。いつまでも古い人間関係に縛られていては、新しい出会いはやってきません。あなたの前を素通りしていきます。

相手の顔色をうかがいながらつきあう、疲れや違和感を覚えるのにつきあっている。そんな覚えがあるのならば、それは「人間関係を整理しなさい」「新しい出会いを求めなさい」という心のサインです。

必要のないものやムダな時間を捨てることはできても、人間関係を捨てるのは躊躇《ちゅうちょ》する人は多いでしょう。人目も気になりますし、不安も感じる……。

しかし、本当に大切な人に出会えるのは、自分自信が人間関係に心地よさを感じている状態のときです。

人間関係に疲れやストレスを抱いているときに、いい出会いは手にできません。

私は8年前に、なれ合いになっていた面倒な人たちとのつきあいを一切やめました。批判を受けるのではないかと内心、ひやひやでしたが、問題なし。

不思議なくらい人との縁に恵まれるようになりました。


知人の会社経営者のMさんも同様の経験をしています。

先代から会社を引き継いだ彼は、旧態依然とした会社を変えようと経営方針を打ち出しましたが、古参の幹部社員からは「おとなしく後を継げばいいのに」と皮肉をいわれたり「お坊ちゃんは世間を知らない」と人間性を否定されたり。散々な目にあいました。

彼らは「自分がいなかったら会社は回らない」とテングになっていたのですね。

Mさんの我慢も限界。ブラックなやり方かもしれませんが、定年前の早期退職を3名に促し、会社から去ってもらったのです。

すると積極的に販売や営業のアイディアを出したり、プロモーションを手伝う仲間が生まれたり、得意先も増え業績はみるみるアップ。

傍《はた》で見ている私には、風通しがよくなった会社に、いい出会いが引き寄せられる感じすらします。

今の人間関係を見直して整理してみてください。違和感を覚える人間関係は、即捨てましょう。

そして自分自身。不要なものや不釣り合いなものに囲まれた生活をし続けていると、知らないうちにチャンスを逃しやすくなります。

使わないカード、積んであるだけの本、もう合わない服やバッグ、ノリで購入したものの、一度も使わない運動器具……続々不要なものが見つかるでしょう。

これらはどれも「運気を下げるものたち」です。

不平不満、愚痴や悪口、恨《うら》みや妬《ねた》みなど、あなたを滅入《めい》らせるネガティブな感情も運気を下げるもの。

今すぐ捨てましょう。

いらないものを捨てると、自分のいる場所が心地よい空間に変わります。

心の中は、大掃除した後のような清々《すがすが》しさと達成感で満たされます。

顔つきまで変わってくるのです。

成功するのは、特別な能力や才能を持っている人ではありません。

自分が持っているスキルやキャリアを活《い》かすために、余計なものに縛られず、捉われない。捨てることを意識し、実践する人です。

これが**「引き算思考の大前提」**です。

今までの自分を捨てなければ、出会いやチャンスは巡ってこない

捨てられない人は頭に贅肉がついている

私はいつも「幸せ」「ついている」と思って生きています。

「コロナ禍で仕事が激減した」「人に会えない日常はつらすぎる」という人もいます。

現状は厳しいのは私も例外ではありませんが、それでも「幸せ」だと心底思っています。

無理をしているのではありません。

仕事をさせて頂ける。オンラインで顔を見てお話ができる。SNSでつながれる。メールや電話で報連相ができる。何よりも生きていることに感謝が募る。これが幸せの原点です。

いいかえれば、**多くを望まず目の前にある幸せに気づいて感謝して受け取ったら、どんどんいいことが訪れるようになってきました。**

「捨てれば捨てるほど、いいことがやってくる」

今の私は、この考えに沿って生きているのです。

ついているといわれる人は、人やものや、ネガティブ思考や執着心を捨てたときに、人生がよりスムーズに動き出すことを知っています、

幸せな成功者とは、「捨てる潔さ」を身につけている人といってもいいでしょう。

捨てることで得られる最大のメリットは、チャンスにあう確率が高くなること。また、ピンチをチャンスに変えられるようになることです。

「チャンスはピンチの顔をしてやってくる」

私が知る限り、ついている人はピンチに遭遇したら喜ぶ、変革のときに恵まれたと感謝する。ピンチをチャンスだと捉え、それまでの自分を改め、成長する機会にするのです。

捨てられない人は今、手にしているものや人や考えに支配されているからです。例えるなら、**心や体、頭に不要な「贅肉《ぜいにく》」がたっぷりついている状態**。

当然ながら行動は遅く、フットワークは重く、五感も鈍くなって、本物を見極める目も衰えてしまっています。

決断力や行動力、集中力、創造力といった、仕事に不可欠な能力も発揮できにくいのです。潜在能力も活かせず、自分の可能性にフタをしているともいえます。

こんなもったいないことはありませんよね。

潔く捨てる。

捨てることで、快適さ、心地よさ、幸福感、感動、感謝、豊かさ、元気、勇気……さまざまなプラスの感情があなたを包み始めます。

そうやってチャンスの「器」を用意しているあなたには、間違いなくいいことが起こります。

心や体、頭に「贅肉」はいりません。

柔軟な心で自由に動ける体、五感に、優れた頭を手に入れるために、潔く捨てましょう。

心の贅肉は成功の大敵

思い出は明日につながるものだけ残す

自分の部屋なのに、落ち着かない。リモートワークが推奨される中、自宅での仕事ははかどらない、のらないという人がいます。

そうした人の多くが、昔の写真や流行遅れの服、誰からいつもらったかも覚えていないお土産《みやげ》や友人からの手紙など、過去につながるものを捨てられないでいます。

所有していても「ワクワク」しないものは「重い出来事＝重い出」であって「思い出」＝思い出したい出来事ではありません。

感謝しながら、捨てましょう。

思い出とは、記憶であって記録ではありません。心に秘めていればいいのです。

残すならば、見るだけ、触れるだけで心地よくなるものだけにしましょう。

思い出は人生を彩るものだという人もいますが、過去よりも未来に思いを馳《は》せたほうが人生は輝きます。

両親ともに医者の家に生まれたS子さんは、「将来は医者になるのが当然」という環境の中で育ちました。成績優秀で美人の彼女は、学校でも目立つ存在。

私の憧れでもありました。

「美人ドクターって、取材も来るね」などと、冗談半分で盛り上がっていたのですが、合格間違いなしといわれていた有名大学の医学部入試に失敗。

滑り止めに受験、合格した入学金も学費もけた違いに高い大学の医学部に入学することになりました。医者への一歩が始まったわけです。

しかし、

「私は医者になんてなりたくない、両親が無理やり勧めた」

「私はこんな大学にいる人間ではない」

そんなことを私にも呟《つぶや》くようになりました。

すると、どうでしょう……。

成績はどんどん下がり、落第。中退してしまいました。

その後、新たな道を見つけ、邁進《まいしん》しているならいいのですが、縁故で入社した会社が倒産したり、親戚の勧めで結婚したものの離婚。

「私が不幸になったのは両親のせい」

「離婚したのは親戚のせい」

チャンスや幸運とは無縁の姿がそこにあります。


仕事でも人間関係でも、チャンスは、自分の前に巡ってきたときにタイミングよくキャッチしなければ、瞬く間に逃げていきます。

キャッチできるのは、過去に縛られていない軽やかな人、心がオープンな人です。

過去を振り返ってばかりいる人や、自分の失敗を誰かに責任転嫁する人は、チャンスが目の前まで来ても、気づくことさえできません。

思い出は自分を突き動かす原動力になるもの。明日につながるものだけを残して捨てましょう。

「思い出を持つことで、幸せになれるか？」を判断材料にして、私は捨てています。

身近にあるものは、愛《め》でたり触れたりすると「幸せのエネルギー」をもらえるもの。心が穏やかになったり優しい気持ちになる。笑顔がこぼれるものだけにしましょう。

成功する人とは、チャンスが巡ってきたときに集中できる人。

捨てないと集中できないことを知っている人なのです。

「持つことで幸せになれるか？」が残す判断基準

重たいもの・暗いもの・複雑なものから離れてみる

「そう簡単に成功なんてできない」「思い通りの人生を歩む？　きれいごとだね」という人たちがいます。

かつては私もその一人でした。だから少しでも嫌なことが起きると、「やっぱり、こうなるんだよね」と自分をなだめ、余計に落ち込んでいました。「そう簡単に成功なんてできない」という他人の言葉を、うまくいかない自分の現実から逃れるための言い訳にしていました。他人に流されていたのです。

でも、ある方の言葉が、私を目覚めさせてくれました。

「人生がうまくいっていない人が、人生を悪くいうのです。うまくいっている人は、人生の悪口なんて決していいませんよ。臼井さんの人生は決められたものではなく、自分で築くものでしょう？」

そのことに気づいてから、私の人生は大きく動き出しました。**まず心を凹ませる考えの持ち主、悪口や愚痴をいう人、気が滅入るようなものから離れました。**するとし自分が生きたい道が明確になったのです。

実はここがポイントです。自分が生きたい道がわからないうちは、どう動けばいいのか優先順位も決められません。どっちつかずの人を応援する人など、当然いない。ですから生きたい道が明確でない以上、いいことが起きる確率が低くなるのは仕方がないのです。

生きたい道が明確になってからの私には「奇跡」が起こり始めました。

「108歳まで現役で仕事がしたい」
「必要とされる人材であり続ける」

それが私の生きたい人生なのですが、そのことを後押しするように、執筆や寄稿、講演やコンサルタントの仕事が舞い込むようになりました。

そして、どんな時代になっても仕事ができる基礎ができ上がりました。

いいことを引き寄せるのも、悪いことを引き寄せるのも、その人の心根《こころね》に左右されます。ネガティブな気持ちになっているときには、どうしても負の因子を引き寄せがちになるもの。ですから、あなたをそういう気持ちにさせるものからは離れましょう。

たとえば、

●重たいもの　不平不満、愚痴、クレーム、嫉妬心、義務感に苛まれている人、汚い言葉を使う人

●暗いもの　不愛想な人、ダークサイドな傾向の読み物や映像、運が悪い（と思われる）人、不幸話が好きな人

●複雑なもの　人間関係のしがらみ、お金だけでつながっている人、思いに反した行動

などです。

そういったものから離れる＝捨てるだけで、あなたの人生は輝き始め、「奇跡」さえも起きてくるのです。

重たいもの・暗いもの・複雑なものから「離れるだけ」でうまくいく

やるべきことではなく心躍ることに集中する

「頑張っています」

「一生懸命にやっています」

「努力しています」


このような言葉をついつい使っていませんか？

私も無意識に口をついて出てくることがあるのですが、そのあとは猛反省。このような言葉を使うと何も考えなくてていい。思考停止に陥っていることに気づくのです。

「努力しています」

「一生懸命にやっています」

「頑張っています」というのは、言葉のマジックであって、数字や量で表現できない。世間の常識や、これまでの当り前から比べての自己評価にすぎません。

テクノロジーが急激に発達した今では、これまでの常識や当たり前が変わってきている。これまでの「正しさや良さの基準」が変化してきたのではありませんか。

だから私は、努力や一生懸命や頑張るに酔いしれることなく、「本当に必要なのか？」「今、やらないといけないのか？」と自問自答しています。

努力や一生懸命、頑張るに気持ちが引っ張られると、ものごとの真実が見えなくなる。自己満足で自己中心的な言動に終始し成果が出ない。

視野が狭くなり、教え込まれた古い価値観に縛られて生きることになります。


間違った努力にすがらない。一生懸命を大義名分にしない。頑張るで、お茶を濁さない。

仕事でも勉強でも、必死な思いで取り組まなければいけないときは、確かにあります
そういうポイントでは、しっかり挑むことが大切ですが、自分が楽しい、うれしい、心躍ることのほうを優先する。
人に何といわれようと、健康を害さないことと、人を不快にさせないことさえクリアすれば、寝る間も惜しんでやりましょう。それが**運をつかむコツ**だからです。

楽しくない、やりがいも見いだせない、嫌だと思っていることを「苦労は買ってでもしろというし……」などと自分に言い聞かせながら頑張ることはやめるべきです。

自分の時間を苦労に彩られたものにしていては、人生を謳歌《おうか》しているとは思えません。

頑張りには、きちんとしたスタイルを持つことが必要なのです。

●心躍ることには頑張る

やるべきことよりも、わくわくドキドキすることに力を入れ、エネルギーを費やす。

●集中して頑張る

何もかも頑張るのではなく、緩急をつけた力の入れ具合を覚えましょう。

「一生懸命に努力して頑張る」なんて、意味不明な自己評価に満足しない。眉間《みけん》にしわを寄せたり、歯を食いしばって悲壮感を漂わせないほうが、何事もうまくいきます。

●苦労は買ってまでしない

情報を収集するなら、捨てなさい

リモートワークが推奨される中、「自宅での仕事ははかどらない」と嘆く方が何と多いことでしょう。

会社のデスクまわりはきちんとしている。働く場所にふさわしくないものはないと断言する方も、自宅は別。書斎や仕事部屋を持つ恵まれた環境にある方は少ないもの。

生活音が気になる、生活臭が気になるという方もいます。

リビングやダイニングのテーブルで仕事をしている方では、食料品やお子さんのキャラクターグッズ、テレビの音や家族の会話が気になる……気が散るものばかり。

リモートワークの環境が整っていないことにうんざりしている方もいらっしゃいますよね。そんな方はできることから、働く環境を整えましょう。

まずは、テーブルやデスクはパソコンや仕事に必要な書類だけ。携帯電話は留守電か機内モードにして、すぐに手が届かない場所へ。

自分専用のデスクを持つ方は、欲しいものがすぐに取り出せるように、引き出しの中も整理整頓を怠らない。「いつか使うかもしれない資料」や、「あれば便利だと考える書類」を後生大事に抱え込まない。

「いつか」の出番はまずありません。出番があったところで、探すのに手間取るだけ。新たに入手するほうがよほど早いといえます。

「あれば便利だ」と考えている書類も、一月《ひとつき》もたてばその情報は古くなります。まして何年も前の情報など抱え込んでいても出番があるはずもないのです。

「これから先、使うかもしれない」という気持ちがあり、捨てることをためらうならば、あなたの未来は知れています。

今や、情報過多を超え、「情報洪水」の時代です。

テレビ、ラジオ、インターネット、ＳＮＳをはじめ、世間に広がる噂話の類いに至るまで、余分な情報に支配されていると、本来気づくものが見えてこないのです。

情報の渦に飲み込まれ、自分がやりたいことの優先順位が狂い、思考も停止。行動にもストップがかかります。

頭の中がごちゃごちゃしていては、いい仕事などできるはずがありません。仕事のやる気を促し、やりたいことに集中する。自信をつけるためには、余計なものは捨てましょう。

生活感のあるものは、仕事とは無縁です。

間違っても、パソコンまわりにお菓子や飲みかけの珈琲《コーヒー》カップなどを放置しない。ファイルや写真、メールなど、パソコンの中にあるものであっても、情報は捨てることを前提に収集するくらいの気持ちでいたほうがいいのです。

メールは読んだら削除か保存か、1秒で決める。

必要なメールには即、返信。頻繁にやりとりをする人以外のメールは1週間で削除する。

データや写真は、1か月を目安に捨てる。

SNSの情報は気になる人の動向だけ確認する。

ネットの情報は、タイトルを見るだけ。

テレビやラジオ、新聞などメディアからの情報収集は一案件一つまでにする。

これが私のルールです。

散らかっているところには、一つ情報が増えても溶け込んでしまって気づきません。これは怖いこと。そうしているうちに、あなたの机、パソコン、頭の中はぐちゃぐちゃになっていきます。

捨てることには抵抗を覚える。不安が伴うのもわかります。

でもすべてを捨てるのではありません。自分の一部のようになっているもの、心躍るもの、あなたにパワーを与えるものは、残そうとしなくても自然に残ります。

しかし、**情報は別。**

効率重視で捨てないと仕事の成果、人生の手ごたえは望めません。

情報は量より「質」で勝負する

人生すべてを好転させる8割捨てる法則

何をするにも億劫《おっくう》。いつもイライラする。仕事に集中できない。それは「捨てそびれたもの」に囲まれているのが原因かもしれません。

人生すべてを好転させる「8割捨てる法則」は、文字通り持ち物や仕事、人づきあい、時間など今抱えているものの8割を捨てることを、意味します。

「8割も捨てるの？」

「そんなに捨てて大丈夫？」

不安に駆られるかもしれませんが、大丈夫。

私自身、20年以上実践していますし、勧めた100を超える方が「8割捨てる法則」の効果を実感しています。

不要な物事を捨てれば、生活に余白が生まれ、心に余裕が生まれ、時間にゆとりが生ま

れます。

「8割捨てる」方法はシンプルです。

まずは、3つの視点でこまめに捨てましょう。

そうすれば自然と「8割捨てる」が実行できるようになります。

① 毎日増えるものを捨てる

「自分の意思とは関係なくものがたまる」現象が起きているのが、今の時代です。コンビニやスーパーでもらうお箸《はし》やウエットタオル、ソースや醤油《しょうゆ》、ワサビやカラシなどのサービス品。街角で配布されているポケットティッシュやサービス券、化粧品のノベルティーや雑誌の付録、無料だからと作ったポイントカード、紙袋、新聞、ダイレクトメールや手紙の類い……こういったものは、放置すれば際限なく増えていきます。

② 使うかもしれないものを捨てる

以前は使っていたけれど出番がなくなったものや、今は使わなかがいずれ使うときが来るかもしれないと、抱えているものはありませんか？

どんなに高級で優れたものであっても、使わなければゴミと同じです。

また、メールや電話のリストの中で、面倒な人、今の自分はつきあうべき相手ではないと感じた人はリストから消去。連絡があった場合には自然とつきあいをフェイドアウトしましょう。人を捨てるというと物騒に感じるかもしれませんが、やっかいな人とのつきあいに時間を取られるほどムダなことはありません。

ストレスになるだけ損ですから、捨てましょう。

③スペースからはみ出たものを捨てる

クローゼットや引き出し、ケースやポーチ、バッグや財布がはちきれんばかりになっていませんか？　それは「捨てそびれているもの」を放置した結果です。

用途が同じ複数のもの、便利グッズだと購入したが、使いにくくそのままになっているものなどをため込んでいませんか？

また趣味だからと収集したもので、部屋が侵食されていませんか？

持っていて心地よくないもの、明らかに数が多いものは捨てましょう。

モノが減り、空間が増えると、それだけで片づいて見えます。また、生活動線を邪魔するモノがなくなるため、家事がラクになります。

カオスと化していた場所や、買ったまま使っていないモノなど、見て見ぬふりをしていた「罪悪感」が消えます。心もデトックスされるのです。

モノが減れば、今まで片づけや探し物に費やしていた時間がなくなります。何がどこにあるかが明確ですから、重複してモノを買うというムダもなくなります。

モノが少ない心地よさから、物欲が抑えられて衝動買いもなくなります。

そして、**手元にはお金や時間が残るのです。**

8割捨てれば、心はクリアになる

「臼井流7つのムダ」の省き方

私の人生にムダなものなどない、ムダな時間などないと言い切りたいのですが、「8割捨てる」を意識していても、時にムダな物事に翻弄《ほんろう》されている自分に気づきます。

意識してムダを演出して周囲を安心させたり、自分を鼓舞することはします。

これはムダの有効活用＝余裕づくりですが、見過ごせないムダは日常に広がっています。

私は『トヨタ生産方式』（ダイヤモンド社・大野耐一著）の考え方の要になる「ジャスト・イン・タイム」に感銘を受け、**臼井流にムダを7つ定義**しています。

◆作りすぎのムダ↓頼まれてもいないこと。やらなくてもいいことをやる

◆手持ちのムダ↓仕事のスケジューリングに待ち時間などのムダがある

◆運搬のムダ↓仕事の工程を考慮しない行動をする

◆**加工そのもののムダ↓必要とさていないことに時間や労力を注ぐ**
◆**在庫のムダ↓不要なものや人、データなどを抱える**
◆**動作のムダ↓付加価値を生まない動作をする**
◆**不良を作るムダ↓手直しが必要な仕事をする**

なかでも、大野さんと同様に、「作りすぎのムダ」が諸悪の根源。新しいチャンスや出会いを阻み、やりたいことを全部やる人生を邪魔すると捉えています。

ムダに気づいたならば、

- 誰かに任せられることや、頼めることとは手を切る
- 他の誰かがやったほうが早くて成果も出るのに、妙なプライドが邪魔をして抱え込んでいる仕事には見切りをつける
- 必要性を感じない集いやオンライン会議には参加しない
- 気をつかう人や言葉遣いの悪い人など、相性が悪い人とは縁を切る
- ルーティンワークを見直す
- 完璧を求めない

・いい人を演じない
そうすれば自由な時間が生まれてストレスから解放され、あなたにしかできない仕事に集中でき、成果も上がります。

「引き算思考」になれば、あなたが本当に望む人生を手に入れる基盤ができる。それを追求すれば、時間や労力、人間関係のロス、もののムダがなくなります。

●人生を邪魔する物事は、迷わず捨てる

第②章

捨てることで「余白の時間」を手に入れる

――「時間」を支配し、自分にしかできないことに集中するために

この章の狙い

「時は金なり」といいますが、私は「時は命なり」と解釈しています。

お金は失っても働けば取り戻すことができますが、失った時間を取り戻す術《すべ》はありません。そういう意味では「命」と同じですから、1秒たりともムダにできない。時間は命と同様に尊いのです。

そうはいっても、「時間」という概念を目で確認することはできません。時計で確認できるのは、今そのときであって、時間の容量や価値を実感できないのが正直なところだと思います。

時間は何より大切だとわかっていても、ダラダラとムダな時間を過ごしてしまう。効率よく仕事をし、爽快に人生を楽しみたいのに、邪魔をされてしまう……。

あなたにも覚えがありますよね。


毎晩0時になると、世界中のすべての人に新しい24時間が与えられる。毎日、24

時間をプレゼントされていると私は捉えています。

一日が24時間なのは誰にとっても平等。

限られているのですから、誰のために使うのか？　何のために使うのか？　取捨選択が重要です。

時間は目的を考えて使わない限り、ムダが生じます。この程度ならこなせると詰め込んでいると、ミスやトラブルを招いて結果は出ません。

「スケジュール帳」が予定で埋め尽くされているのは、時間を使いこなしているのではなく、使われているのです。

時間を使いこなす人になるカギは、「生産性が伴わない予定は入れない」「スケジュールに余白を作る」ことです。

「余白」があればやりたいことがもっとできますよね。

この章では、「捨てる」ことで、時間という財産を有効に使い、充実した人生を送る手引きをしていきます。

スケジュールを管理しているつもりで管理されていませんか

「時間をムダなく使いたいから」

「効率よく仕事がしたいから」

そう考えてシステム手帳やカレンダーアプリで、スケジュールを管理している人は多いでしょう。しかし、口癖は「時間がない」「忙しい」。

彼らはスケジュールを管理しているつもりで、自分がスケジュールに管理されているのです。

ビッチリ詰まった予定に縛られ、心と体が凝り固まり、ストレスもたまっている。「時間がもっとあれば、あんなこともできるのに」と思う……。

実際は時間がないことに問題があるのではなく、時間の整理ができていないから必要とする時間が生み出せないのです。ここで私の根底にある時間の考え方を紹介します。

それは「時間価値を考えて、やらないことを決める」です。

たとえば、月給35万円の人が、一日８時間で20日間働くとすれば「35万円÷１６０時間＝２１８８円が、「時間価値」です。

１時間かけて知恵を絞って企画書を完成させても、眠気と戦いながらネットサーフィンをしていても、同じ２１８５円というコストがかかっている。

そう考えると、自分がやるべきことか？　自分でなくてもできることではないか？

今、それとやるべきときなのか？　と「やらない」を選択する思考に変わってきます。

時間に追われる毎日から脱したいのならば、やらないことを決める。

今、費やしている時間を常に疑い、うまく操る習慣を身につけましょう。

代わりに、あなたにしかできないことや、本当に必要なことだけを手帳やアプリに書き込んでください。

そうすると時間をコントロールするという感覚が生まれます。

スケジュールの立て方に自信がない。オンとオフの切り替えがうまくできないという人は、義務で働く時間が多すぎるのではありませんか？
それは本当にあなたがやらなければいけないことですか？
すぐに実行しなければ支障が出ることですか？
義務で働く時間を捨て、それを自分のためにする。
それができる人の条件です。

時間活用の達人は、やらないことを決めている

1週間は月曜日から水曜日までしかないと決める

一般的なビジネスパーソンの場合、月曜日から金曜日までが仕事。あるとき、それに私は疑問を感じました。

月曜日から金曜日まで仕事をするスタンスでは、生産性に欠けるのではないか？

1週間の就業日数を5日もあると捉えると、やるべき仕事と自分がやらなくてもいい仕事の優先順位がつけにくく、時間に翻弄《ほんろう》される。

自分が時間の主導権を握りながら、楽しく仕事をする方法を探そう。

そんな願望から生まれたのが、仕事にあてる5日間を金曜日から始めるということ。

自著『やりたいことを全部やる！時間術』（日本経済新聞出版社）でもご好評をいただいた考え方です。

●1週間は月曜日から水曜日までしかない――1週間の仕事は月・火・水で片づける

一週間は5日あると考えると、その週のスケジュールを5日に振り分けてしまい、目先のやらなければいけない仕事しか見えません。

その結果、仕事に追われ、時間に追われる毎日になりかねません。

私は、その週にやるべき仕事は月・火・水で終えるようにしています。この間に緊急かつ重要な仕事を物差しに、今やらなければいけない仕事をやっています。

●木曜日は確認、調整の日――月曜日から水曜日までの仕事の進捗や問題点を確認する

スケジュール通りにいかない仕事も、時にはあります。ですから、木曜日は確認、調整の日にしています。

徹底すれば、トラブルを未然に防ぐだけでなく、仕事の締め切りや納期を早めることもできます。

●金曜日は攻撃の日――翌週の仕事に備え、資料作成や準備、アポイントの確認をする

攻撃の日を設けることで月曜の朝イチから気持ちが上がり、行動に弾みがつき、1週間全体の仕事のパフォーマンスが格段に高まります。

リモートワーク中心の方は、リアルで会えないお客様にご機嫌伺いを書いたり、マーケティングや販売戦略など、中長期的な計画を仕事仲間とオンラインでミーティングするのもいいでしょう。

未来像を共有するのは、リモートワーク中心の働き方の中でも必要なことです。

こうした金曜日の使い方が、翌週だけでなく長期的な仕事や人生に大きな影響を与えるのです。

スケジュール帳やカレンダーアプリにも、このように月・火・水と、木、金を3つのブロックに分割して記入していきましょう。

月・火・水で仕事を片づけるためには、自分にしかできない仕事、今やるべき仕事にフォーカスすることになり、仕事を任せる、一部を委ねるという発想が自然と生まれ、余計な仕事が減り、仕事の質が高まります。

木曜日の確認調整日でミスやトラブルも減り、金曜日の攻撃の日で翌週以降の仕事に弾みがつきます。

ちなみに土・日は、スポーツに勤しんだり家族サービスや趣味の世界にあてるなど、仕事とは切り離した行動をすることをお勧めします。

スケジューリングには緩急をつける

「天引き時間」からスケジューリングする

スケジュールにもメリハリは大切です。私はGoogleカレンダーを使って1週間単位でスケジュールを管理しています。

毎朝7キロのジョギングとストレッチ、スクワット、座禅の体を鍛える時間と、テラスで目覚めの珈琲をいただく時間、8時、13時、18時の温泉入浴。ランチは14時から、読書は17時から18時まで、基本20時に就寝。携帯の電源も切る。起床は3時。

これらは**前もってスケジュールに組み込んでいる「天引き時間」**です。

これらが確保できず、仕事の予定ばかりが入っていると心身の調子が狂ってストレスがたまります。

仕事の質を下げることにもなるので、どうすれば「天引き時間」に沿って一日を進めていくかをしっかり考えるようになり、仕事も限られた時間に集中して終わらせることができるようになりました。

「天引き時間」というルールを決めて20年。

自分の力だけではどうにもならないことに思い悩んだり、長い時間をかけたらいいものができるという「幻想」から解放されました。

判断や決断も、以前とは比べものにならないくらい早くなりました。

「時間を牛耳り、自分にしかできないことを集中してやる」仕事スタイルができたのです。

「そんなストイックなスケジュール管理は無理」という方もいらっしゃるかもしれませんね。心配は無用。ラクラクですよ。

第三者から「ああしろ、こうしろ」「必ずこうしなさい」と指示されたら窮屈で仕方がないでしょうが、「あらかじめ自分で決める」のですから爽快。

時間に支配されるのではなく、時間を支配する感覚を得て、やる気を高まります。

「時間ができたらやりたい」では一生できません。

だから自分のための時間をおさえてしまう。
「天引き時間」を決めるのは、革新的なことに時間を割くためにも、大切なのです。

天引き時間が人生の質を決める

アポイントは開始だけでなく、終了の時間も伝える

私は**アポイントをとるときには、開始の時間だけでなく終了の時間も伝えています。**

そして、面談やオンライン会議が始まると、「終了は15時でお願いします」というように念を押します。

相手から制限を受けるのは嫌なものですが、自ら行うのは**心地よく時間を牛耳るテクニックです。**時間の制限をすると、「今日はここまでは決めたい」「これはクリアする！」などと目的意識が明確になります。

時間内で終わらせようとすれば、余計な世間話や愚痴などでグダグダしている暇はなくなります。制限があるからこそ、その中で成果を出そうと考え始めますから、**「時間密度」が濃くなります。**

すぐに本題に入り、端的に話をしてスパッと決めるという「やる気スイッチ」がぐんぐん働きます。

時間の制限を設けることで、仕事の質も高まるのです。

世間話の類いは、すべてNGといっているのではありません。時間の制限がないと、世間話が長引いて目的が曖昧になり、だらけてしまうのです。

私は話し込むタイプや時間感覚が曖昧な方とアポイントをとるときには、開始と終了の時間とともに、「この後、○時に打ち合わせが控えている」というように伝えています。

これは「早く本題に入らないと、中途半端で退席することになる」「ダラダラ話をしている時間などない」と宣言しているのと同じ。

終了時間が時間の質を高めるのです。

時間の制限を設ければ、自然と仕事の質が高まる

アクシデントに備えて空白の予定をつくる

仕事が立て込んでいるからといって次の予定を隙間なく埋めてしまうと、一つ予定が延長することで、その後もドミノ倒しのようにずれ込み、大幅にスケジュールが狂います。

先にアポイントを取る場合は、開始だけなく終了の時間も伝える。時間感覚が乏しい方には、「この後、○○時に打ち合わせが控えている」と宣言する。

商談も会議も、プライベートの語らいも、なるべく時間はタイトにするとお話ししましたが、それでも予定が狂う場合があるのです。

交通網の遅延や天候の乱れなど不可抗力もありますし、体調不良もあるでしょう。

「そんな……今になって予定をキャンセルするの？」

「えっ？　遅れるなんてありえない」

それぞれ事情もあるのは百も承知ですが、時間通りにスケジュールが進まないとイライラは募るばかり。焦ればミスやトラブルは増えていいことはありません。

もちろん、それぞれの仕事に要する時間を正確に把握してスケジュールを組むのは大前提ですが、「終了時間や次の予定を伝えても通じない相手」はいますし、「遅刻の常習犯」もいます。

そういう相手とも、仕事では関わっていかなければならない。

つらいですね。

私は予定と予定の間は少なくとも30分は空けるようにしてきましたが、オンラインミーティングでも、相手が目上で初対面の場合には、退席をするタイミングを逸する。自慢話につきあわされる……想定外の時間延長がありました。

そんな日は、歯車が狂って集中力が途切れ、決断力に欠ける気がしてなりません。

そこで、あえて「空き時間＝空白の予定」をつくるようにしています。

仕事の内容や進捗状況によって違いは生じると思いますが、たとえば30分ほど設けていた予定と予定の間を1時間にして、

外出時ならば、

●**目的地の一つ手前の駅で下車、散歩をする**↓移り行く街の情報を入手してトレンドを把握。雑談の切り口にする

●**昔ながらの落ち着いた喫茶店で大好きな珈琲をいただく**↓頭脳のクールダウンを図る

●**企業や地方自治体が運営するアンテナショップで最新の情報を入手する**↓講演会や執筆のネタにする

●**書店に寄って平積みの書籍のタイトルをチェックしたり、専門外の雑誌を購入する**↓流行を知り、企画のアイディアにしたり、好奇心を育てる

リモートワーク中ならば、

●**空気の入れ替えをしてラクな服装で瞑想《めいそう》をする**↓心身をいたわりリセットする

●**珈琲やお茶を丁寧にいれて上等な器で時間をかけて味わう**↓心の余裕と時間のゆとりを演出する

●**ストレッチを行う**↓パソコン作業で凝り固まった肩や腰をほぐすとともに、気分転換をする

●ホットアイマスクを行う↓酷使する目をいたわる

……そんなふうに空白の予定を楽しんでいると、思いがけない人に会ったり、欲しかった情報を耳にしたり、ひらめきが生まれるなど、心躍るサプライズが待っています。

ただし、空白の予定に「スマホでゲーム」や「ネットサーフィン」「電話やメール、チャットをする」などを組み込むのはお勧めしません。

それは予定と予定の間を積極的に楽しむのではなく、何となく埋める感じです。先の予定の延長戦のようで、次の予定に備えてのリセットや準備にはならないからです。

空白の予定はチャンスに出会うとき。

余白がなければ、そうした人やモノを目にすることすらできません。

●スケジュールは腹五分目で十分

「報・連・相」を見直す

急速なデジタル化と新型コロナウイルス感染症の流行により、テレワークを導入する企業が増えています。

ビジネス環境の変化とともに情報共有の形も変化して、「コミュニケーション不足が課題」と訴える上司世代、指示待ちタイプの部下は、どう仕事を進めていいのかわからない……。

そこで再注目されているのが「報・連・相」です。

情報量は年々増加傾向。部下が増える、取引先が増えるなど環境が変われば情報量は加速度的に増えていきます。情報過多だからといって、その処理をおろそかにして「報・連・相」を徹底していないと、さまざまな問題が起きます。

●顧客からのクレームが全体共有されず、対応が遅れてクレームが大きくなる
●ミスの報告・共有を怠ったために、複数の社員が同じミスをする
●効率よく業務を遂行する社員のノウハウが当人以外はわからなくなってしまう
●社員間での共感や共有、協調性が乏しくなり生産性が落ちる
●新入社員にとっては仕事を覚える機会が失われる
●正当な評価ができない、受けられない

など、「報・連・相」の欠落は、さまざまな問題を引き起こします。

在宅勤務をはじめ、テレワークが普及する中で、「報・連・相」のスタイルも変えなくてはいけません。

働く場が会社から自宅に変わっただけで、「報・連・相」は相変わらずのリアルコミュニケーション型では、仕事が乗っているときに上司から電話やメールが入る。

部下からは絶え間なく「報・連・相」のメールやチャット。

相手が目の前にいないからという気楽さもあるのでしょうが、不意打ちのような大量の「報・連・相」がやってきて面食らった経験が私にもあります。

これから「報・連・相」の仕組み構築に本腰を入れようと思っているのであれば、アナログなシステムではなく、クラウドシステムを活用したデジタル技術を導入するのがお勧めです。

アナログでの「報・連・相」は、テレワークを実施している企業では機能しなかったり、手書きで時間がかかったり、過去に報告した情報を探すのに時間がかかったり。

デジタルに比べて利便性が劣るからです。

クラウドシステムを活用した場合、

●ネット環境が整っていればどこにいても情報にアクセスできる
●リアルタイムで情報が共有でき、業務スピードが上がる
●データベースに保存されるので、過去のデータも容易に探せる

など、多くのメリットがあります。

「報・連・相」のデジタル化を機に、これまで当たり前のように行ってきた「報・連・相」自体の内容も見直しましょう。まずは、ルーティン化している打ち合わせや会議。それは必要かつ緊急なものですか？

開始時間と終了時間、必要時間をしっかり決めているでしょうか？

今の時代、ネットに精通していない上司などありえないと思っても、そういう人がいる現実も理解しないで「報連相のデジタル化」を進める急先鋒に立つと、思いがけない反撃にあうこともあるので、注意しましょう。

日本企業の多くは中小企業。働き方改革、リモートワークが推奨されても、デジタル化のスタイルを共有する思いが、伴っていない気がしてなりません。

一気に「デジタル化」ができなくても、

当たり前のように行ってきた「報・連・相」に所要する時間、タイミングは適切か？

ルーティン化している会議や打ち合わせに、意味があるのか？

これまでの常識を見直すことならばできるはず。「報・連・相」に使われるのではなく「報・連・相」を使いこなす。時間の主導権はあなたにあるのです。

その「報・連・相」は必要かつ緊急なものですか？

リモートワークで浮いた時間は、自分の価値を高めよう

リモートワークの浸透は、私にも大きな変化を与えました。

これまで移動に使う時間を活用して仕事の生産性をキープしながら気分転換を図ってきたのですが、外出自粛、県境をまたぐ移動を避けるコロナ禍では、リアルでの面談や面会はほとんどなくなり、移動時間という概念がなくなりました。

ビジネスパーソンの皆さんは１００％リモートワークという方は少数派かもしれませんが、それでも通勤に要する時間は格段に減ったはず。

単純計算すれば、往復2時間を通勤にあてていた人が、リモートワークが一月で10日になれば丸々20時間。年間にすれば20時間×12＝２４０時間は自由に使える時間ができたことになります。

実際「通勤ラッシュにもまれることがなくなって体がラク」

「リモートワークだからラフな服装で気楽」

心身ともラクになったという人が多い。

では、その時間をどう過ごしていますか？

その分、寝坊をする。その分、夜型になったならば、もったいない。２４０時間の恩恵を受けても、それはムダ遣い。生活スタイルが崩れ、仕事の生産性が落ちるだけです。

そんなマイナスに流れるのではなく、**２４０時間は、好奇心を満たす学びの時間にしませんか？**

- 朝晩を読書の時間に充て、専門性を高める
- 読書を「見える化」する「書評ブログ」を上げ、反応を得る、文章力を高める
- 学習時間２４０時間プラスアルファで合格可能な資格を取得し、キャリアアップを図る
- 早朝オンライン勉強会やセミナーを主宰。学びながらお金の源泉を得る……。

自分という商品価値を高める時間に２４０時間を使いましょう。

そういう発想と行動ができるようになると、通勤で利用する電車やバスも「動く書斎」。

フル活用して車内でもできる仕事を把握、実践。時間のムダ遣いは劇的に減少します。
ちなみに私は、移動には丈夫で軽いトートバッグやナイロン製のリュックを、使ってい
ます。トートバッグは座席を確保できるときには書類を広げるデスクになり、そこで仕事
ができます。

混雑が予想される時間に乗車する際は、リュックを使えば（前に向けています）両手が
空きますから、文庫を広げて読書をしたり、あらかじめ録音しておいた会議のシミュレーシ
ョンや講演のデモンストレーション音声などをレコーダーで聴いています。

リモートワークで浮いた通勤時間は天からの贈り物。

漠然と「通勤ラッシュから解放されてよかった」と喜ぶのではなく、その時間を積極的
に活用する術を選び、実行しましょう。

**天からの贈り物に応える人は、どんどん時間の使い方がうまくなって、「やりたいこと
をすべて叶える人」になります。**

240時間のムダ活用で「やりたいことすべて叶える人」に

仕事もプライベートも充実する1年4分割シート

1年4分割シートとは、Ａ4サイズの紙で作成する私のオリジナルのスケジュール表。**夢や目標を実現するための指標になるものです。**

作り方をご紹介します。

まず、一番上に「夢や目標の実現日」と、「〇〇できました。ありがとうございます！」と完了形で記します。

実現させるための努力はいとわないと、視覚から強く自分に言い聞かせるためです。そして1年を逆算して4分割して9か月前、6か月前、3か月前というように、できていなければいけないことを、3か月前から順に書き出していきます。

「関東部署内で一番の売り上げを誇る営業マンになる」という目標を掲げたならば、3か月前には「ナンバー1になった、首都圏以外の大型店舗の売り上げが起爆剤」と、前倒しで理由を書き添えます。

目標は期限までに達成していて当然。少なくとも3か月前までには結果を出し残った時間でどれだけ数字を伸ばせるか？

3か月前を意識するのが、時間を牛耳るコツです。

先にお話ししましたが、複数の夢や目的を一度に叶えようとシートに記入するのは、どれも中途半端に終わるので、お勧めしません。

やる気や情熱も分散されるので、結果を出せるとは到底、考えられないのです。

またシートは、1年で達成できる夢や目標。知恵を働かせ学び行動すれば、叶う「身の丈の2割増し」がベストです。

売上最下位の営業マンがいきなり、関東部署内ナンバー1を狙うよりも、所属している県で一番。それがかなりきついハードルならば、○○区で一番というように。

人は荒唐無稽な夢や目標を掲げることは本来しないもの。

できる可能性があるから、達成したいと考えるのが本当のところでしょう。
ですから、３か月前に目標達成ということは不可能なことではないのです。

１年４分割シートは、私が行政書士試験に一度の受験で合格すると決めた際、「合格に必要とされる時間」を調べ、試験日から逆算して勉強スケジュールを立てたことが基礎になっています。

その後、売り上げ目標や書籍の刊行、講演などの仕事はもちろんですが、趣味の歌の上達、旅行や自宅の清掃計画、オリジナルの料理レシピの開発など、プライベートの部分まで「１年４分割シート」を活かしてきました。

「１年４分割シート」には、別の魅力もあります。

春華秋冬、四季のある日本では、「１年４分割シート」に夢や目標を記入し、それを実現するためのプロセスを３か月単位で記入するとき、「あこのころは桜が満開だな」とか、「梅雨時の鬱陶《うっとう》しさを解消するにはこれがいい」「暑さには強いから、この時期は踏ん張りがきく」「寒いからこそ、できることがある」というように、季節の移ろいを味方にして、歩めるというメリットもあるのです。

「1年4分割シート」に書き出すことは、自分との約束。

約束を破ったり、簡単にあきらめるのは自分に嘘をつくことです。

時間活用の達人は、目標達成の3か月前を意識する

目的は欲張らず目標は厳選する

目的とは、文字通り「目」で見える「的」。最終的に到達したい部分のことを指します。一方、目標とは「目」で見たときに、その「的」に近づいているかどうかの「標《しるべ》」となるもの。**「目的」というゴールがあり、それに到達するまでの過程で立てられるものが「目標」です。**

効率よく心地よく目的を達成するには、あれもこれも同時に掲げないのがポイント。

学生時代は優等生だった、インプットをこなす自信があるという人に多いのが同時に複数の目的を達成しようとして、どれもカタチにならないこと。

宅建士と行政書士、社労士を同じ年に「一発合格する」と意気込んでいた友人がいましたが、難易度から推測して彼の実力ならば十分に合格可能な「宅建士」や地道に学べば合格可能な「社労士」や「行政書士」すべて不合格という憂き目にあいました。

複数の資格を短期間に取得したいと考えることを、私は必ずしも否定するわけではありませんが、それがこなせる人は稀《まれ》でしょう。

目的を欲張ると、目標の数も当然多くなります。

多くの目標を前にすれば、それを活かす目的を見失います。

目的は欲張らず目標は厳選する。

それは仕事に限らず人生のあらゆる局面でカギになる考え方であり、成果を出すポイントです。

先の例ですと、取得する資格は一つに絞る。仮に目標は「1回の受験で宅建士合格」としましょう。

それを実現するには、「一度の受験で合格した自分と環境や年齢が似ている方の合格体験談から勉強法を探る」「宅建士合格に要する勉強時間を捻出《ねんしゅつ》する」「試験日からさかのぼって勉強のスケジュールを立てる」「過去問題集や参考書をセレクトする」「模擬試験で苦手な分野を知り、本番に活かす」「資格学校に通う」「勉強仲間を作る」「インターネットを活用して、どこにいてもスキマ時間に過去問集を解く」いうように次々に目標が浮かぶでしょう。

目的よりも「目標」が要。

目的をさっと決めたら、目的は細心の注意を払って厳選するといいでしょう。

それは目標がない場合に何が起こるかを考えるとわかりやすいと思います。

目標がないことは、具体的に何を実行すればいいかが決まっていないということ。

「何をどうすればいいのか」が明確でなければ、目的まで闇の中を歩くようなもの。

目標という一定の基準がないと、現状の改善もできなくなってしまいます。

「一度の受験で宅建士合格」という目的があるのに、具体的な行動を設定しなければ、現状は何も変化しません。

その目的に対して、「一度の受験で合格した自分と環境や年齢が似ている方の合格体験談から勉強法を探る」「宅建士合格に要する勉強時間を捻出する」「試験日からさかのぼって勉強のスケジュールを立てる」「過去問題集や参考書をセレクトする」「模擬試験で苦手な分野を知り、本番に活かす」「資格学校に通う」「勉強仲間を作る」「インターネットを活用して、どこにいてもスキマ時間に過去問題集を解く」というような目標があれば、実際に行動に移すことができますよね。

そして、「資格学校に通う時間はない」「勉強仲間などいらない」となれば、その目標は消去。「一度の受験で合格した人が複数のテキストや問題集はいらないといっている」「模擬試験は本番の試験スタート時間に近いものがいいといっていた」……。「そうか？　じゃあ、これはいらない、これは使おう」と目標が絞られていきます。

目標を厳選し、実行することは、その人を少しずつ目的に近づけます。

目標とは、成長するために必要な指標。それは高すぎても、多すぎてもいけません。少しの努力で達成できる項目を設定することを心がけましょう。

まずは**目的を理解し、そこから適切な目標を立てることを意識してください。**

適切な目標設定が、「目的」への到達をスピードアップさせる

スケジュールはプライベートから記入する

スケジュール管理のツールは、手帳、スマホアプリ、パソコン……いろいろな選択肢がありますね。ツールは仕事のスタイルや好みで選ぶのが一番。
ただし、スケジュール管理には外せない絶対ルールがあります。

「プライベートから記入する」

仕事よりもプライベートを優先するとか、働き方改革の一環としてという理由ではありません。
スケジュールに記入する＝記入したくなるプライベートな約束は喜ばしいことが大半ですから、その機を逃したら後悔するのは必至。

それを忘れたら、仕事へのモチベーションにも悪影響が及ぶ可能性が高いからです。

喜ばしいプライベートの約束を真っ白なスケジュール帳やノート、アプリに記入すると、テンションが上がります。

「こんなうれしい集いが待っている」

「大好きなあの人に会える」

「気が合う仲間と話題のグルメをいただく」

そんな心躍る約束を目にしながら、仕事の予定を記入します。


プライベートと仕事の予定は一つのツールで済ませるのが、ダブルブッキングや約束漏れ、移動時間の把握をするために必要です。

「スケジュールのツールは一つに絞り、プライベートから記入する」をマイルールにして30年たちますが、面倒なことや苦手な相手との交渉、気難しい人との商談、オンライン会議なども苦にならなくなりました。

スケジュール管理が苦手、オンとオフの切り替えが苦手という人こそ、このスタイルをお勧めします。

スケジュール管理のツールが増えるほど、把握する手間や労力、時間が増え、ストレスがたまり、スケジュールに管理される「身動きが取れない状態」になります。

プライベートと仕事の予定は同じツールで管理する

タイマーでデッドラインを決める

やるべきことと、やらなくてもいいこと。自分にしかできないことと、他者でもできること。今、行動するのは絶好機なのか否か？

そういった視点を持つと、仕事でもプライベートでもムダがあぶりだされ、時間が生まれます。

しかし、せっかく生まれたその時間をだらだらすごしてしまったら、元の木阿弥《もくあみ》。

ここで、時間を使いこなし、高いパフォーマンスを発揮するためのテクニックを紹介します。まずは自分が最も集中でき、パフォーマンスの上がる時間を把握することが必要です。

一般的には、午前中は脳の働きがスムーズで、「頭を使う」仕事に適しているといわれています。

経験則ですが、私は起床後3時間になる6時から11時ごろが、のって仕事ができます。

そうはいっても、心身とも健康で睡眠も十分とっているのに、どうしてものれないときがあるのです。

しかし、その日のうちに終わらせなければいけない仕事がある。その日に決めなければいけない案件が目白押し……正直困ってしまいますが、時間は待ってくれません。

そんなときには、キッチンタイマーの出番。

タイマーを使うとデッドラインの意識が強くなって、集中できるからです。

やり方を順を追って説明しますね。

1 仕事を分割して、短時間でそれぞれの作業が終わるくらい小分けにする

2 「お礼状作成は5分」「メールの返信は10分」「キャッチフレーズ立案は15分」「企画書作成は30分」というように目標タイムを決める

3 タイマーを「仕事完了の目標タイム」に設定する

あとは一気にその仕事に挑むだけです。

これは勉強に充てる時間が乏しい中、行政書士の資格取得を目指していた42歳のときに「一発合格」するため、勉強効率を上げようと編み出した苦肉の策。

「苦肉の策」といっても、これが実に心地よいのです。

タイマーを使うと、仕事でも勉強でも家事であっても、「やる気スイッチ」がオンになり、すぐに集中。リズミカルに猛スピードで一気に片づきます。

頑張る感覚ではなく、面白いくらいにはかどるのです。

そして終われば「やる気スイッチ」はオフになり、ほっとひと息。

時間活用は効率を求めがちですが、効率＋心地よさ。ちょっとした遊び心がないと長続きはしません。

ちなみに私はニンジンのカタチのキッチンタイマーを使用しています。

もちろんスマホのタイマー機能を使うのもいいですが、私にとってはかわいいニンジン型キッチンタイマーのほうが愛着が湧き、より楽しく時間と向き合えます。

●「3分クッキング」の要領でタイマーを使いこなす

第③章

自分がやらなくてもいい仕事は8割！

――「仕事」は〝効率〟ではなく〝効果〟を考えて片づける

この章の狙い

変化の激しいこれからの時代の仕事は、**新陳代謝を活発にする**ことが求められます。

努力と研鑽《けんさん》を重ねて手にした成果や技術なども、明日には通用しない。まったく不要になっている可能性もあるからです。

今日の常識が、明日は非常識。

今日の成功法則が、明日は失敗法則。

極端な話、そういう心構えでいないと、ビジネス社会から取り残されます。

過去の成功に酔い、過去のやり方に固執し、満足している人には明日がないのです。だからこそ、必要なものを見極め、いらないものを捨てる習慣が求められ、身につけることはビジネス社会を生き抜く「最強の武器」になります。

一度に何でもやろうとするのは、自己分析ができていない証拠。

まずは、自分が時間を取られている仕事＝「自分を不自由にしている仕事」を書き出してみましょう。

やらなくてもいいことは、どんどん捨てていきましょう。

そして「残った仕事に集中して挑めばいい」のです。

自己分析をしながら進んでいけば、無理なスケジュールで悲鳴を上げることがなくなり、ストレスに心身を追い込む状況から脱出できます。

仕事において考えるべきことは、効果であって効率ではありません。

「何でも一気にやりたがり症」は返上して、まずはやらなくてもいい仕事をどんどん捨てていきましょう。

この章では、「捨てる仕事術」の極意をお伝えします。

これから先、あなたにとって「何が必要で、何が不要か」を判断するための材料をお渡しします。

それらを実践して習慣にすれば、どんな時代でも乗り越えられます。

「自分がやったほうが早い」「他人に任せられない」の間違い

仕事熱心で、よく気がつくのに、周囲から煙たがられる人がいます。

何事も一生懸命に取り組んでいるのが傍目《はため》からも明らかなのに、成果が出ない人がいます。そんな人たちが共通して持っているのが、「自分がやらなければいけない」「自分の代わりはいない」という責任感を超えた思い込みです。

「自分がやったほうが早いから」と、他者の能力を認めない。

「（誰かに任せたら）自分の仕事を奪われる」と、他者の存在を恐れる。

「（断ったら）評判を下げる」と、守りの姿勢になる。

そんな思いに支配されている人もいます。

これらは、**チャンスや出会いを遠ざける、運の悪い人の典型です。**

「自分がやらなければならない」という固定観念が強いと、今のやり方から抜け出すことができません。キャパオーバーで行動することになり、ストレスを抱え込み、周囲の人に当たって孤立。これは「一生懸命の空回り」
いいことは、何一つもありません。

夫の後を継ぐ形で、ビジネスの経験がないまま経営者になった33歳の私がそうでした。仕事を覚えたい、一刻も早く一人前の経営者になりたいという気持ちから、目の前にある仕事は何らかの形で「自分がやらなければいけない」。勉強なのだから「自分が関わらなくてどうするの？」と考え行動していました。健康グッズを製造販売する会社の「企画立案・販売戦略・試作品づくり・モニタリング・製造ライン・営業・販売・サイト運営……」ありとあらゆる部分に首を突っ込んでいたのです。新入社員の教育ならわかりますが私は経営者。

的外れな行動は社員から「私たちを信用していない」。

ベテランの技術者からは「素人《しろうと》が余計な口をはさむな」。

一生懸命な気持ちが自分を窮屈にするばかりか、周囲との軋轢《あつれき》を生みました。

人の知恵を借りた経験が少ないと、たいていは、「自分がやらなくてはいけない」「一人で処理しなければいけない」と思うものです。

また、誰かにお願いするのは、「申し訳ない」という思いがあり、自分が抱え込む。自分の力で及ばないことは、諦めるしかないとなってしまいます。

本書を読んでくださっているあなたは、スキルもキャリアも申し分ない勉強熱心な方だと思います。思考力、行動力、決断力を備えた、周囲からの期待も大きい人に違いありません。

だからこそ、**「自分がやらなければいけない」という意識はきっぱり捨てましょう。**

経験則ですが、日常業務の中で「自分にしかできない仕事」＝「ピンチヒッターが見つからない仕事」は2割そこそこです。

外車販売に携わる管理職のDさんで見ていきましょう。

リモートでの朝礼・リモートでの報連相・顧客へのアプローチ・アフターフォロー・上層部での戦略会議・戦略会議を踏まえての部下への指導・業務日誌・数字の進捗・問題点の把握・イベントの提案・実施……さまざまな業務がありますが、管理職である彼の立場から考えたら、「自分にしかできないこと」＝彼が優先してやるべきことは、部下との報連相・指導・上層部での戦略会議。

数字に関わることも部下に任せ、自分は上がってきたものから、課題や問題点を見つけ、行動指針を示すスタンスでいいのです。


仕事の8割は自分がやらなくてもいい仕事、断固捨てる！


誰かを頼れる自分になれば、今まで見えなかったことが見えてきます。

新しい価値観が生まれ、素晴らしい出会いや幸運が舞い込んできたり、思いがけないアイディアが湧いてくるスペースが生まれるのです。

仕事を抱え込んでいる感のある方は日々の業務を書き出し、その中から「自分でなければできない仕事」をセレクトしてください。余計なことは躊躇なく捨てましょう。あなたにしかできない「これだけ」を徹底して突き詰めていく。それがあなたのメインテーマです。

何事も力まず余裕があったほうが、協力も応援も得やすいもの。好ましい人やモノが自然に寄ってきます。

仕事の成果はもちろん、人生を楽しむには、「自分がやらなければならない」を捨て、「自分にしかできない」を見つけて追求していきましょう。

「やらなければいけない」から卒業しよう

厳しい案件は「朝駆け戦法」で

私はギャラの交渉や納期の設定など、自分有利で進めたい案件を提案するのは朝イチにしています。リアルでもリモートでも同じです。

これまではビジネスシーンの場で多い始業時間は9時でしたが、リモートでの交渉が主流の最近では、遅くて8時。大概は7時に交渉事をスタートさせています。

「7時？　まだ寝ている」という方、「7時スタート？　まあいいけれど、頭が回らないかも……」という方もいらっしゃるでしょう。それこそが、私の狙いなのです。

私の起床は3時。それからジョギングやストレッチ、スクワット、座禅。心身を整えたら、メールのチェックやSNSの投稿を行い、コーヒーブレイク。

ToDoリストの確認とシミュレーションを終える6時頃には頭は冴えわたり、やる気にあふれている。今日最初にお会いする方の近況（会社の動き）もチェック済み。

私には、交渉の材料はすでに整っています。

もちろん「交渉事は7時にしか行わない」と我《が》を通しているわけではありません。

「7時開始で終わりは8時にしませんか？」と提案して、乗ってきてくれたら儲けもの。

「この交渉は、私有利に運ぶ」と踏むのです。


以前から、厳しい交渉事は「朝イチ」をモットーにしてきましたが、コロナ禍のリモートワーク中心の働き方で「交渉事は7時」に変化しました。

提案すると、首をかしげながらも8割の人は受け入れてくれます。

この時点で時間の主導権は私が握ったと捉えます。

超早起きで、7時にはキレキレの相手もいますが、それならばなおさら白熱した交渉になり、お互いの腹の内が明らか。

終了時間が決められているのですから、時間までに答えを出そうと歩み寄りもする。

それでも私のほうが分がいいのです。

「朝駆け戦法」とでもいいましょうか？

これだけ働き方や生き方が柔軟になっている時代ですから、早朝にオンラインを使った交渉や会議があっても不思議ではないですよね。今は時間の縛りがなくなっているわけですから、新しい時間の使い方をしてもいいのです。

「厳しい案件は7時から交渉する」は2年目になりましたが、相手を巻き込む以上、私は準備万端整えて望みます。

これまで以上に、早寝早起き・暴飲暴食はしない・質のよい睡眠を得るために眠る前3時間はネットに関わらない・相手の情報を精査する……いい仕事をするために「自分が本当にやるべきこと」だけに集中するようになりました。

ちなみにリアルでの交渉は、ホテルのラウンジや喫茶店で「8時から」がほとんど。

これはホームグラウンドで試合をする感覚。少しでも自分優位に交渉するためのテクニックです。

時間の使い方も「新しい生活様式」にマッチさせる

パソコンや携帯から不要なデータやアプリを捨てる

パソコンやスマートフォンはデータが入っているほど容量が圧迫され、動作が重くなる原因にもなります。

また、不要なファイルやデータは、必要なデータを探すときの邪魔になってしまうこともありますから、定期的に確認。不要なものは捨てましょう。

「いずれ必要になるかもしれない」というならば、その時が来たら入手すればいいのです。

「成功例として役に立つデータだから」という方。

それは過去の産物。大切なことならば、あなたの頭にインプットされているはずです。

私は1週間を目安にパソコンやスマートフォンの不要なデータやアプリ、送受信メール、写真などを捨てています。たとえば、

●お気に入り

お気に入りはデータの容量が大きいものではありませんが、不要なお気に入りを消すことで、閲覧する時間の軽減につながります。

その昔に登録したものの、今では使っていないサイトは捨てましょう。ここにはシステム上消してはいけないファイルは存在しませんから、躊躇なく捨てましょう。

●使わないアプリやソフトウェア

アプリやソフトウェアには、データ容量として大きなものもあるので、捨てることでパソコンやスマートフォンの容量に、余裕を持たせることができます。

特に、パソコンでは使っていないソフトウェアが常駐している場合も多いので、注視して捨てましょう。

●不要なファイルやフォルダ

パソコンの容量の多くを占めているのが、不要なファイルやフォルダです。

必要でダウンロードしたものの、その後不要になってもファイルやフォルダが削除されずに残っていませんか？　すぐに捨てましょう。

スマートフォンでは、不要ファイルの中心は写真のデータといえます。容量も大きいですから、撮影に失敗した写真や、見返さない写真は捨てましょう。

パソコンは保存先が多いため、さまざまなところに不要ファイルやフォルダが保存されていることがあります。

中には消してはいけないファイルもあるため、捨てる習慣のある私でも、使っていないからといってむやみに捨てることはしません。この点は気を付けてくださいね。

不要な気はするが、捨てていいのか悩むデータならば、完全にデータを捨てるのではなく、クラウドサービスを利用するという方法もあります。

クラウドサービスとは、外部のデータ保存先を借りて、そこにパソコンやスマートフォンのデータを移し替え、保存しておくサービスです。

クラウドサービスでは、データを移し替えるだけで、削除するわけではないので、必要なときには自分の端末にデータを戻すことができます。

一方で、パソコンやスマートフォンからデータは消えているため、容量が空き、検索の邪魔にもならないというメリットを得ることもできます。

不要なデータやアプリを捨てることは、単にその端末の容量に空きを作り、アクセスしやすい環境を作ることではありません。

過去を捨て、身軽になって未来につながる今を生きることです。

輝かしい過去も楽しい思い出も、記憶にあればいいのです。

データやアプリにも消費期限がある

デスクまわりは「スタメン」だけにする

ペンや書類、ファイルや付箋などデスクの上は、ものが散らかりやすいものですね。いつの間にか書類や本が山積みになっていたり、引き出しの中がものであふれていませんか？

デスクが整理整頓されていていないと、必要な物を探すのに時間がかかってしまいます。必要なものをサッと取り出せて、十分なスペースで仕事に集中できる。そんなスッキリ整理整頓された環境だと、物事を計画的に進められるので心に余裕が生まれます。そして計画通りに仕事をこなせ、時間にゆとりが生まれ、やりたいことを全部やる環境が整います。

ものが増えてしまいがちな人にとって、一番いい方法は収納スペースを捨てること。収納スペースがなければ、必要なものと不要なものを仕分けせざるを得なくなります。

ですから、**片づけが苦手な人は、あえてデスクは収納スペースが少ないものを選ぶというのも一つの策です**。

だからといって、デスクの上に収納スペースからはみ出したものを適当に置いていたら、散らかり放題。仕事どころではありません。

私は文房具好きで、筆記具や付箋などの新製品を見つけると欲しくなる。仕事の効率を高めるような便利グッズにも、目がありません。

どれも購入したくなってしまうのですが、それでは際限がなくなってしまうので、**あえて収納スペースなしのデスクを使っています**。

収納スペースがないデスクで大丈夫なのかと、疑問を持つ方もいらっしゃるでしょう。

何の問題もありません。書類はほぼ「ペーパーレス化」。契約書や質感を確認したいカバーなどは、ファイルにまとめていますが、時期を見て捨てています。

デスクの上には仕事で頻繁に使うペンや付箋などの「スタメン（スターティングメンバー）」を置いた小ぶりのトレーと、パソコンとマウスだけ。

これが**清々しくていいのです**。

以前は収納スペースがたくさんある重厚感ある大きなデスクを使っていましたが、入れる容量があれば、それだけものを入れたくなるのが人情です。

そして本当に必要なものを取捨選択しようという意識が働かなくなる。大好きな文房具はかわいいから、面白いから、新製品だからと次々に購入。

出番のない「永久二軍選手」や同じような用途のものを複数持つ「ダブルブッキング」。

いざとなったら使えない「ピンチヒッターもどき」でスペースはあふれていました。

また、重厚で大きなデスクには、オーダーしたレザー張りのペン立てやトレー、ファイル……。そこには使いもしないペーパーナイフやシーリングスタンプ、高級万年筆など。

自己満足な不要品で、散らかっていました。

最適な書斎を求めたつもりが、落ち着かない場所を作ってしまったのです。

そんな失敗を経て、デスクまわりをスッキリ。

デスクの上は、これをなくしたら試合＝仕事にならないというような「スタメン」だけにして5年。

代表作といえる書籍が生まれたり、敷居が高いと思われた企業と仕事をするようになったり。うれしいサプライズが次々にやってきました。

デスクまわりの「スタメン」が、チャンスと出会いを運んでくるようです。

デスクはアクティブに働く場

仕事と遊びの区別をあえてしない

スケジュールやプライベートの予定から埋めると先にお話ししましたが、こう決めたのは、ある大富豪との出会いがきっかけになっています。

25年前、香港《ホンコン》の貿易会社と取引をしていた私は、「プレジデント」とランチをすることになりました。

香港だけでなくカナダやオーストラリア、ハワイにも邸宅を持ち、経営に携わっている会社は10を超える方。

勝手ながら金時計に高級スーツ、高級車……の「成金的経営者」をイメージしていたのですが、いい意味で裏切られました。

スポーツジム帰りかとも思えるTシャツにジャケット、ジーンズ、スリッポン。

それぞれは品質の良いものだとわかりますし、日焼けしたたくましい体形から、スポーツが好きなのもわかります。でも、仕事時間です。

ランチとはいえ、高級レストランでその姿はどうなのか？（ドレスコードに触れるものではありませんが）

英語での会話が始まりました。

開口一番、**「遊びは勉強であり仕事であり、楽しみ。そこから学び、ビジネスにつなげ、自分の幸せにもなる」**。

「遊びは勉強であり仕事？」

「そもそも遊びと仕事を分けるのが非効率。どちらも楽しみながらやる。同時にやる感覚だね」

当時の私には衝撃的でした。

仕事とは「つらいが我慢して時間を使い、お金を稼ぐこと」であり、遊びは「お金にはならないが、楽しむこと」という考え方があったからです。

でも、彼は「遊びは勉強であり仕事。幸せでつながっている」という。

なぜ、仕事は「つらい」と感じるのか、私なりに考えました。それは他人の利益のために、必ずしも自分がやりたいことではない仕事もやらなくてはならないから。

仕事とは「他人の人生を生きている時間」であるから楽しくないのだ。

遊びは、純粋に自分のため。他人に強制されず、やりたくなければやらなくてもいい。

遊びは「自分の人生を生きている時間」であるから楽しいのです。

香港の大富豪との出会いから、「遊ぶように働き、働くように遊ぶ」「自分の人生を生きながらにしてお金を稼ぐ」ことを目指すようになりました。

とはいっても、どうもしっくりこない。

そこで、**何をやるにしろ、その道の達人になる。仕事か遊びかは周りが決めてくれる。**

つねに私にとっては、仕事であり、遊び。なるべく楽しく仕事をしたい。

そのためにスケジュール管理はプライベート（遊び）を優先にしたのです。

理想は自分では遊んでいるつもりなのに、周囲は仕事をしていると認識して、お金を払ってくれるという状況。

その域に達するにはまだ未までですが、以前よりはプライベート（遊び）は充実していますし、締め切りに追われながら仕事をしていても、やけに楽しそうといわれます。

切羽詰まった状況でも「遊び心」や「わくわく感」を、忘れないように意識しているからでしょうね。

仕事と遊びの区別をあえてしない。

「まじめに、楽しく」やりたいことを全部やる！　という構えで日々過ごしています。

「わくわく感」がないと結果は出ない

仕事の優先順位は「①スピード ②量 ③質」

どんな仕事も丁寧に完璧を目指すのは、理想ですが、仕事には必ず相手がいて、自分が抱く完璧と相手の完璧が一致することなどありえません。

自分の完璧を理由に締め切りを過ぎてお渡ししたら、「納期を守らない上に、こんなレベルでは問題にならない」と怒りを買ったり。

「私はそこまで求めていない。こちらの意向も踏んでくれないと困る」とあきれられたり。

これは経営者になった当初の自分の姿。

一番やってはいけない、時間をかけて自分なりに完璧に仕上げてから、初めて相手に渡すことをしていたのです。

「完璧に仕上げてから持ってきなさい」というケースもあるでしょうが、明らかに効率が悪い。お互いのためにならない。

やり方や方向性が根本的に間違っていたら、時間と労力のムダ。

新型コロナ対策を語るとき、「スピード感を持って取り組む」という趣旨の発言を口にする政治家を、よく目にします。それに私たちは、

「何がスピード感？　何もやっていないじゃないか」

彼らの行動（仕事）に、突っ込みを入れているのではありませんか？

そして耳が痛い……昔の自分を思い出すから。

スピード感を持って、量をこなした結果に残るのが「質」であって、「質」が最優先ではないのです。

経験則ですが、**仕事は「①スピード　②量　③質」の順番**。

失敗したり、アドバイスを受けたり、恥をかいたりしながら、仕事はお互いが納得する「カタチ」になる。

「質」優先で、完璧主義でいると、何も進みません。何に対しても挑戦できません。

これは仕事だけでなく勉強や趣味の分野でもいえることです。

完璧主義を捨てる。
仕事もプライベートも正解などないのだから、割り切ることが必要。
そのほうが楽しく進めることができますよ。

完璧な仕事など、この世に存在しない

金曜日の夜には、「来週必要なもの」を整えておく

「明日から仕事か……」

こんなふうに日曜日の夕方や少し長めの休暇が終わる前日に、明日から始まる仕事を思い出して憂うつになったことはありませんか？

楽しい休日を過ごせば過ごすほど、憂うつな気持ちは膨らんでいくものです。

……憂うつな気分のまま月曜日を迎えたら、やる気が出ないのは当たり前ですよね。集中力が散漫になり、決断力も劣る。休暇でリフレッシュしたはずなのに、仕事が捗《はかど》らないのはもったいない。

そんな事態にならないために休日の前、たとえば金曜日の夜に「来週必要なもの」を準備しておきましょう。

たとえば、商談や打ち合わせ、会議などで使う資料や図表。商談や打ち合わせなどが多

い営業や販売に携わる方ならは、お会いする方をイメージして会話のシミュレーションを行ったり、その場になじむ服や靴、小物などを決めておくのもいいでしょう。

休暇明けに憂うつにならず、朝イチからのって仕事をするためには、休日前の準備が決め手です。

また、重要な仕事は休暇前にできる限り片づける。休暇明け早々に大きな仕事が入らないよう調節しておくのも策です。

そうはいっても、仕事は常に動きがあり、相手があってこそ成り立つもの。

自分がどれだけ知恵を絞り工夫を凝らして行動したとしても、完璧な状態で仕事を片づけ、休暇を迎えることは厳しいですよね。

だからこそ、自分でできる最善のこと＝金曜日の夜に「来週必要なもの」を整えておくのです。

私は**来週やるべきことをリストにして見える化**。

休み明けは、どんな仕事がどれだけ待ち構えているのかハッキリしないと、休暇最終日に限らず休暇中ずっと、ストレスを抱えることになってしまいがち。

来週やるべきことが明確になると、頭から切り離してあげられるというわけです。

ちなみに、臨床心理学者のジョシュ・クラポー博士は、「休暇に向けて心を解放し、帰ってきたときに生産的になれるように準備を整えるのに役立つ」といっています。

来週やるべきことリストは休暇中も携帯する

なお、このとき書いたリストは休暇中も持っておくといいでしょう。

すると、思い出したやるべき仕事をすぐリストに書き込めて、その後は頭から切り離すことができます。

その結果、仕事のことをあまり気にすることなく、休暇を過ごせるとともに、休み明けは憂うつにならず、朝イチから乗って仕事ができるようになります。

締め切りは驚かせるためにある

「締め切り」に対する意識を見れば、仕事ができる「プロ」か、できない「アマチュア」かが手に取るようにわかります。

プロは、「締め切り」をあらかじめ宣言し、きちんと守ります。アマチュアも「締め切り」を意識はしますが、守れない事態が生じたときには「ちょっとしたトラブルが生じましてとか、「体調がすぐれないもので」などと、もっともらしい「言い訳」をします。

こんな言い訳を聞いたら、「もう二度とこの人とは仕事をしたくない」と思うもの。

プロならば不測の事態を想定して、スケジューリングをします。

忙しい中でもなんとか期待に応えようと、知恵を絞ります。もっともらしい言い訳をして逃げようなんてハナから考えていないのです。

「プロ」と「アマチュア」は締め切りの覚悟が違います。

プロだって人の子。体調がすぐれないことだってありますし、思う通りに仕事がはかどらないときもある。それでも「締め切り」を守るのは「プロのプライド」。

自己チューなプライドは全くいりませんが、こうした「プライド」は大いに持ちたいものです。


5年ほど前のことです。初めて仕事をする版元から新刊の発売が決まり、執筆が始まりました。締め切りはタイトでしたが、新しいジャンルの執筆に私は心躍っていました。

順調に進んでいたのですが、あるとき「私用でメールのやりとりが2週間ほどできない可能性があります。その間も拝見しますので、でき上がった原稿はどんどん送ってください」。

いつもはメールで伝えてくる相手から「電話」をいただきました。

「私用って、海外旅行ですか？」

少し間があって、「そうなんです。有休を消化しないとまずいので」

ごく自然に応えたので「2週間も……羨《うらや》ましいなあ。お土産、楽しみにしています」

「はい、お楽しみに！」。明るく答えた彼でしたが……。

後に「急病で手術、入院」していたことがわかりました。

「いってくだされば、せかすように原稿を送らなかったのに」

そう伝えると、

「私の病と臼井先生との仕事は別です。お気遣いなく」

私はもともと原稿を書くスピードが速く、彼にも「〇日にはすべての原稿を終えます。でき上がったものはどんどん送りますから」

いつものように、締め切りを前倒しにして宣言していたのです。

これは私の勝手なルールで、相手は本来の締め切りで進めれば問題ないのですが、私に巻き込まれるように「即、反応」「即、返信」。

私が宣言した締め切りに対応するように、素早く、動いてくださいました。

その矢先の病です。

「プロならば、病だろうと家族の不幸だろうと、仕事ができない言い訳にしてはいけないと思うので……」

考えてみれば彼の言う通り。どんな仕事でも、それを待っている人がいるのですから、締め切りに事情も言い訳も通用しないのは当然です。

プロは、締め切り（約束）を守るために仕事の段取りを決めるだけでなく、考えられるだけの不測の事態を視野に入れて対応できる工夫をしています。

だからこそ急病になろうと、家族に不幸があろうと「締め切り」が守れるのです。

そうはいっても**「前倒しにした締め切り」にも応えてくれる彼に、「プロの仕事とはこうあるべきだ」と学ばせていただきました。**

仕事と締め切りはセットです。他の人と仕事で差をつけるのは難しくても、「締め切り」なら差がつけられやすい。「プロ」はそのことを理解しています。

「締め切りは驚かせるためにある！」

プロは、できる限り早く納めて、

「信じられない」

と相手を驚かせ、その様子を見て仕事の達成感を倍増させるのです。

この感覚はやみつきになります。

そして**「締め切りよりも早く納める」↓「約束を守る人」↓「信用できる人」↓「そういう人と仕事をしたい」という流れも生まれます。**

もちろん、やる気が高まり継続力や集中力に働きかけ、さらに「一流のプロ」へと上りつめていきます。

仕事は、質よりも納期の早さで勝負する

午前中にやるべき仕事を終え、午後はやりたい仕事をする

仕事ができる人は、やるべきことの多くを一日の早い時間帯に片づけているもの。

一日を早くスタートさせる。早朝の時間を充実させることは、健康面にプラスに働きかけ、余裕をもって仕事に挑める。その結果、生産性が上がり、キャリアアップにつながるといえます。

アパレル会社でデザイナーとして働く友人は、

「午前中に済ませるべきタスクを、最低7つはリストアップしている」

といいます。

目の前の仕事への関心や興味を維持できるように、一番重要な仕事を初めにやったら、メールの処理を行う。いらないものは即削除、緊急かつ重要なメールはあらかじめ作ってあるフォームを使い、即返信。その後、次々にタスクを消化するそうです。

ユニークなのは、頭と体のリセットに、タスクが8割ほど終わったらデスクで5分間、タイマーを使って瞑想をすること。新鮮な気持ちで残りのタスクに挑めるそうです。

私は、会社に属さない、時間の主導権を握りやすい著者ですから、午前3時起床で運動や瞑想、温泉入浴でリフレッシュしたら、スムージーや青汁など朝食は軽めにとり、すぐに午前中にやるべき仕事＝ここまでは最低限終えて執筆に入ります。

たとえば8項目を書くと決めたら、3項目はノンストップ。珈琲ブレイクをはさんで3項目。メールの処理を行い10分間ストレッチ、残り2項目を書くのがルーティンです。

友人も私も**午前中行うやるべき仕事は、義務感に駆られたものではありません**。

締め切りを意識して早めに手を打ったほうがラク。あるいは、苦手意識のあることや面倒なことは早めに処理したい。

そういう仕事を「後回し」にすると、ふとしたときに思い出して、気が滅入るから、基本、**「苦手で面倒だが、適任者は自分」と判断した仕事から始めます**。

それはキツイと思うかもしれませんが、時間とにらめっこしながら苦手なことを克服するのは**「ゲーム感覚」**。少しでも前へ進めばできる自分を見つけてやる気も高まります。

そんな工夫をすると、やるべき仕事＝その日の予定量は、ランチの前にはほぼ終わります。会社勤めの方は、突然の会議や訪問客、電話応対などで、やるべき仕事を午前中に終えることは難しいかもしれませんが、意気込みはそうであってほしい。

そういう構えで仕事をしている人とそうでない人とは、集中力や創造力、決断力など仕事に必要なパワーが格段に違ってくるからです。

ランチをはさんでからは、戦術を変え「やりたい仕事をする」。

時間を自由に使える私の場合は、食後の散歩に近くの海を散策。こういうときに執筆や講演のアイディアやネタが浮かぶことが本当に多いので、レコーダーに音声で残します。

家に戻ったら、テラスで珈琲を飲みながら音声を確認し、メモを取る。

そして今後必要とされる仕事のテーマや、トレンドを意識しながら、書籍の企画書や講演のフォーマットづくりをします。

午後の仕事は将来に向けての基盤づくり。

今はまだ手がけていないが、やりたいことだったり、需要が見込まれるものです。

会社勤めの方ならば、**午後は「やりたいことの第1位」**は、**「頭を使わずにこなせること」と解釈して、単純ですが必要な作業を行うといいでしょう。**

それを終えたら、会社の数字やイメージアップを図る仕事や、チームで仕事への共通認識を持つために、

- **提案書作成　新規事業やプロジェクトにかかわるもの**
- **企画書作成　新商品のプロモーションや既存の商品やサービスの向上を図る**
- **図表やイラスト作成　取り組んでいる仕事を「見える化」する**

など、仕事を充実させる将来を見据えたことをするのがお勧めです。

ここまでに至るのは、心と時間に余裕が生まれたということ。**ビジネスパーソンとして「プロ」の領域に入った証です。**

成果を出すのは、ゲーム感覚で仕事をこなす人

自分が主導権を握る「働き方改革」

政府が進める「働き方改革」の流れの中で、社員同士のコミュニケーションの活性化や仕事の生産性向上の効果が期待されると注目されてきたのが「フリーアドレス」。従来のように社員それぞれが個人のデスクを持たず、長机や椅子が設置されているフロアに、自由に着席場所を選んで仕事をするスタイルです。

経営者側からすれば、オフィススペースのコストダウンやペーパーレス化による経費削減に期待がもてます。フリーアドレスを導入すると、社員は仕事が終わると自分の資料をその都度、個人ロッカーに収納するスタイルになります。

個人のデスクがないのですから、デスクまわりに仕事の資料が山積みということもなくなり、オフィスは常に整理整頓され快適な空間が保たれる。

いいことずくめのような「フリーアドレス」ですが、オフィスに自分の居場所がないと感じてしまう人がいるのも事実。社員全員が社交的とは限りませんから、近くに上司が座ると、委縮して仕事がはかどらないことがあるという声も聞きます。

自分のデスクがあることで安心して仕事ができるタイプの人もいるのです。

そういう人は、自分一人が取り残されていると感じてしまう可能性が大きい。

上司に限らず、違う部署の人が周りにいたり、同期のエース的存在の人がいると、気になって仕事に集中できないという話も耳にしました。

人には所有欲がある。一国一城の主という言葉があるように、ビジネスパーソンにとって個人のデスクは「城」＝「聖域」なのかもしれません。

その聖域がある日を境になくなったら寂しいのはうなずけますが、時代に沿っていかなければビジネスシーンで生き残ることはできません。意に反して「フリーアドレス」が導入されたら、「これは私の意思」と割り切って楽しみましょう。

実際、デスクにへばりついているよりも、臨機応変に仕事場所を変えたほうが目に入る景色や見かける人、耳にする情報も変化に富んで刺激的で発見があります。

そんな「フリーアドレス」の潮流もコロナ禍で保留。外出自粛を機に時差通勤や、出勤する社員を班ごとに分けて互いの接触を禁止する勤務体制へ移行したり、職種によっては週に一度の出社という人もいます。

もはやオフィスの自分のデスク云々を語る前に、仕事はフレキシブルにできなければいけないという世の中になってきました。

書斎を持つ一部の人を除いて、「在宅ワーク」では、立ったり座ったり、パソコンを手にあちこち移動して、仕事がはかどりそうな「気持のいいスペース」を探して回る「ノマドスタイル」が求められます。

実際、私も自分用のデスクだけで仕事をしているわけではありません。

リビングのローテーブルに向かい座って仕事をすると、姿勢がよくなって肩こりや目の疲れが緩和される気がしています。

天気のいい日は、テラスでロッキングチェアに座って自然を感じながら、ノートパソコンで執筆したり、近所を散歩しながらアイディアを練ったり。

昼下がりは海に面したカフェで、メモ帳持参の「一人企画会議」。

オフィスでも自宅でもない、デスクでもない、あらゆる場所で仕事をするようになりました。固定のデスクを持たないと仕事のスイッチが入りにくいという人もいますが、働く場所を決めすぎないほうが、今は心地よいのかもしれません。

ただし、忙しいからといって仕事用デスクで食事をとるのはダメ。仕事用のデスクは、どこに置かれていても、仕事場だと脳にインプットされていますから、リラックスできず、緊張感を残します。消化にも悪影響を及ぼしかねません。それに仕事用デスクから動かずにいると、血流が停滞しやすくなり、腰痛や肩こりになる心配もありますからね。

「働き方改革」「多様性」「新しい生活様式」……目まぐるしく移り変わる今は、「自分のデスクでしか仕事はできない」と捉えていたら確実に取り残されます。

そうならないよう、これまでの働き方、働き場所、デスク、チェア、事務用品を含めて見直し、いらないものは捨て、自分が主導権を握る「働き方改革」を進めていきましょう。

働き方改革は自分流でOK

効果的な仕事の優先順位のつけ方がある

あなたがたくさんの仕事をこなしているのにもかかわらず、成果がいまひとつであれば、目の前にあるタスクを全てやろうとしているのかもしれません。

時は有限。あなたの体力や気力、集中力も有限なのですから優先順位をつけ、大事なことにできるだけ集中することが成果を出す決め手です。

優先順位のつけ方にはいろいろありますが、迷っている方は、早くラクに成果を出せる仕事に真っ先に着手しましょう。

早く成果を出すことができれば、さらなる成果を上げられるからです。

仕事の優先順位を語るとき、「緊急かつ重要な仕事」が一番に挙げられるでしょう。

私も基本は同じです。

しかしどれも緊急かつ重要な仕事。困った、迷う……実際にあるのです。

かといっていつまでも思い悩むのは時間のムダ。そういうときは、セオリーを外して**「成果の出やすい仕事」から始めています**。

また、優先順位では早い位置に選んだものの、実行する過程で「中途半端な仕事だな」と思ったものは、捨てることもします。

「中途半端な仕事」とは、見栄えを過剰に意識した資料作りや、必要以上の接待や贈り物、義理があるからと参加するパーティーや勉強会。形式的なメールや手紙のやりとりなどです。

「いずれ必要になるかもしれないからやってみる」

「目的は見えないが、慣習だからやる」

といった仕事は、ためらわずに捨てましょう。

「現象の80％は20％の原因からできている」

パレートの法則は有名ですね。これは仕事の優先順位にもつながります。

仕事の成果80％を実現するには、20％のタスクが影響するという考えです。

その20％にフォーカスできるかどうかが分かれ道。

それができれば仕事をこなせばこなすほど、より早く多くの成果を出すことが可能になります。勇気を持って「仕事を捨てる」ことを意識しましょう。

仕事の優先順位をつけただけでは何も始まらない。実行しないと何の意味もありません。

そのためには素早い行動が求められます。私は、

「アイディアが浮かんだら３秒数え、ＧＯサインが出たら即動く」

というルールを課しています。

それは自分で決めたこと。自分との契約ですから、成果を出そうと行動します。

仕事の優先順位において大事なことは、「より早く成果を出せるもの」を考えて即、実行する。自分にしかできない成果を出せることが何かを考え、速やかに対応する。

そして、実行する過程で「これは中途半端な仕事だな」と思ったものは捨てる。

優先順位決めのセオリーに縛られず、臨機応変に対応することをお勧めします。

困ったときは、より早く成果を出せる仕事を優先する

第4章

「いい人」になるのはやめなさい

――生産性の高い「人間関係」に必要なスクラップ&ビルドとは

この章の狙い

「スクラップアンドビルド」という言葉があります。

何事もスクラップが先でビルドが後。

人間関係こそ「スクラップアンドビルド」をするのが、やりたいことを全部やる！ すべてが叶う人生を手に入れる要になります。

「人間関係をスクラップ」というと、違和感を覚える方もいらっしゃるでしょうが、仕事や人生に対しての考え方やモチベーションが合わない人が周囲にいたら、自分の信条を曲げずに突き進めるでしょうか？

流されたり、巻き込まれたり、影響を受けるのは間違いありません。

私は常に新しいことへ挑戦したいので、周囲には同じように「チャレンジ精神」あふれる人が多いほうが、「負けていられない」とやる気になります。

ですから、挑戦する人たちとの人間関係を維持、構築し、悪影響を受けそうな人を遠ざける。**定期的に人間関係を捨てています。**

振り返れば、ビジネス書の執筆の仕事を始めた頃と、30年余り経た今では、人間関係は80％以上変わっています。

著作やメディア出演、講演、起業コンサルタントなどの仕事をする中で、魅力的な生き方をする経営者や、感性を武器に成果を上げる若手リーダーの皆さんと出会い、「無謀に思えるプロジェクトを次々に成功させる人」や、「情熱と行動力を持ち続ける方」などから刺激を受け、道を切り開くことができました。

一緒にいても、つまらない。話が合わないけれど何となくつながっている、義理があるから切れない……そんな無理をしてつきあわなければいけない人は、あなたの時間と労力を奪う「いらないもの」です。

関わらないようにフェイドアウトしましょう。

人生は一度きりです。自分のやりたいことにとって、プラスにならない人に時間を費やしているヒマはないのです。

コロナ禍だからこそ、人間関係の整理ができる

新型コロナウイルスによって、生活様式が大きく変わったこの2年。

「ステイホーム、人との接触は8割減らす」が、新型コロナウイルス感染予防対策として、打ち出されました。

実際、リモートワークが増え対面で人に会うことが減り、会食や接待などお酒を伴った集まりはなくなりました。

当初、私は「人に会えないのは寂しい」「リアルで会話をしてこその人間関係だ」と考えていましたが、一月もしないうちに気づきました。

コロナ禍は人づきあいを見直す絶好機。

ステイホームで自分を見つめる時間ができたことで、定期的に人を捨てることをしてきた私でも、さらに捨てるべきつきあいがあることを知ったのです。

人の縁は、自分から断ち切らなければ途切れることなく永遠に続きます。

疎遠になっても、つながっている限り、切れてしまうこともありません。

逆に、距離を置きたいなら、連絡があっても反応しない、スルーするだけでいい。

乗り気になれないなら、無理につながることはない。ストレスから自分自身を守ることの方が大切です。見極めるべきは相手よりも「自分の気持ち」。

自分の気持ちを整理して、捨てる勇気を持つこと。ものを捨てられても人は捨てられないという人でも、コロナ禍だから、

「家族との時間を大切にしている」

「リモートワークに不慣れだから、時間がない」

「今、会うのはリスクが大きい」「必要かつ緊急な要件ではないですから」

ずるずるとおつきあいが続いてきた人を捨てるフレーズが、自然に出てくるでしょう。

「断ったらどう思われるかしら？」

「いい人だと思われたい」という気持ちを忘れて捨てることができます。

気が乗らないのに無理して人と会うのは、年齢を重ねるほど負担になるもの。そうわかっ

てはいても、これまで人を捨てられなかったあなたでも、**コロナ禍だからこそ、できるのです。人間関係の整理**が心躍る日々を過ごすことにつながります。

一番大事なのは、あなたの人生ですよね。

コロナ禍は人づきあいを見直す絶好機

人を捨てることは自分にも相手にもプラスになる

誰とでも、うまくやっていこうとする。

「いい人になること」を捨てるのが、やりたいことを全部やる、幸せになるための最高の決断になります。

信じあい尊敬しあえる者同士、過ごした後は、充実感に満ち、喜びがあふれてきます。嫌な気分になる人と一緒に過ごすと、時間のムダ遣いにしかなりませんよね。

相手が自慢話ばかり、愚痴や不平不満をやたら口にしたら、あなたは疲れきり、落ち込むでしょう。しかも、あなたに関する質問をほとんどしない。

これが相手と縁を切る、捨てるべき一番わかりやすいサインだと思います。程度の差こそあれ、誰でも他人に対する興味を示すことはできます。

相手があなたにほとんど興味を示さずに、いつも自分の話ばかりをするのであれば、その人とつきあうだけの価値があるのか、考えたほうがいいでしょう。

あなたは自慢話の受け入れ口であり、不平不満のはけ口でしかないと私は思います。


また、**その人と一緒にいるときの自分が嫌いと、一瞬でも感じたら、捨てるサインです。**

友だちや仕事のパートナーがいることで、自分のとても嫌な面が出てしまうと気づくのは、正直キツイです。

これが長年育んできた、大事にしている相手だと、そう感じてしまう自分を責めてしまうかもしれませんね。

しかし、**一番大事なのは、あなたの人生**。自分にとってよくない相手とつきあっているのであれば、終わりにするだけの理由になります。

それにあなたがその人と一緒にいるときの自分が嫌いと、一瞬でも感じるのならば、相手も同じような気持ちになったことがあるはずです。

つきあいにストレスを覚えている。疎遠にしたいけれど言い出せないでいる。

そんななれ合いから生まれる気づきや学びは、ないに等しいでしょう。

それでも関係を続けますか？

人を捨てることに負い目を感じる必要などありません。
惰性であなたにつきあう時間や労力、気遣いなどをなくす。相手にもプラスになるのです。

一緒にいるときの自分が嫌いと感じたら、相手を捨てるサイン

あなたが思っているほど、相手は恩義を感じていない

人を捨てることは、人生において避けられない試練です。

それは、あなたが相手のステージと合致しなくなったとき。あなたが成長しようとしているのに、相手がそのままだったり方向が違っていたり、歩調が合わなくなったときです。

そんなときは**心の中で、「今までつきあってくれてありがとうございます」と、相手に敬意を表して接触を絶ちましょう。**

自分からは連絡をしない。相手からアクセスがあったら、「忙しいので」「○○に集中しているので」と断る。

そうこうしているうちに、だんだんとつきあいは途絶えていきます。

「腐れ縁」とはよくぞいったもの。縁そのものは腐っているが、かろうじてつながってい

る。誰にでもそういう人が一人や二人はいるでしょう。

つながりを絶てない理由に「メンツ」や「体裁」「評判」を挙げる人もいますが、大した理由など本当はないのです。「自分が嫌われたくないから」が一番の理由ではありませんか。

さらにいえば、

「かつて○○でお世話になったから」

「以前、○○で助けてもらったから」

周囲を見渡せば、恩義を理由に、捨てられない人が多いことに驚きます。

「恩義」を大切に考えるのは、美徳。否定はしませんが、あなたが思っているほど相手は恩義を感じていないものです。


仕事で窮地に陥っていたときに手を差し伸べてくれたことを、あなたが恩義に感じているとしましょう。だから、相手が苦しい立場になったら自分が助ける……。

でもそのようなシチュエーションになることは稀ですし、仮になったとして、

「あのときは、助けたから、今度はお前が救ってくれて当たり前」

というような言動があったら、あなたがつきあうべき相手ではなかったということ。
あなたに見る目がなかったのです。
心ある人は助けたり支えたりしても、それを口にしません。むしろ忘れます。
だって、「恩義」を棚に上げて何かを要求するなんて最低じゃないですか？
腐れ縁。恩義……そういうものは捨てる。
優柔不断な自分と決別しましょう。

あなたが思うほど相手は恩義を感じていない

上手に人を捨てるための「言葉の選び方」

ここでいう**捨てるとは**、**「物質や事象だけでなく、人も」含みます**。

人を捨てるなんてできない……そのような人は、

「捨てることは自由を手に入れ、そこから新たな希望が生まれること」と考えてみましょう。

たとえ親友であっても、違和感を覚えたら捨てていいと私は捉えています。

「人生は有限」だからです。

人生100年時代といわれていますが、やりたいことをやるパワーが発揮できるのは、健康長寿を実践しても85歳くらいまで。

もしかしたら、明日、事故や災害で命を落としてしまうかもしれません。

いつか終わりが来るとわかっているのに、「まだやっていないこと」や「やりたいこと」がたくさんあなたには、あるでしょう。

こういう仕事をしたい、技術を身につけたい、勉強したい、資格を取得したい、旅行をしたい、親孝行をしたい、趣味を探求したい……限りある人生の中で、「まだやっていないこと」の全てができるかどうか、わかりません。

限りある貴重な人生の時間を、生産性の無い人間関係に費やしてどうするの？

8年前、熱海に居を移したタイミングで、私は「人生の在庫時間」に思いを馳せました。その瞬間、馴れ合いになっていた友人や知人の顔が続々と浮かんできたのです。

そこで食事やパーティー、勉強会などの誘いが来ても、彼らには返事を出さず、スルーすることにしました。

メールやメッセージが来ても返事を出さず、着信があっても見なかったことにしました。続けていれば、自然と相手も連絡をよこさなくなります。反応がないのですから、当然ですよね。スルーという方法は、失礼だとは思います。

長年つきあってくれた方に対して、礼を尽くさない決別の仕方ですから。もし、私がそうやって避けられたら、傷つくかもしれない……。

でも、**人を捨てる＝縁を切る方法をアレコレ考えて時間を使うのは、本末転倒だと考えたのです。**

自分の人生を大切にしたいなら、「何もしない」スルーが最適だと思います。

それに自分が思っているほど、相手は気にしていないというのが本音。

そんな中、共通の友人を介し「どうしても会いたい」と連絡をしてきた友人がいました。

「メールをしても電話をしても反応がない。入院？ 心配しているんだ」

その方が私のSNSを毎日、チェックしているのはわかっていましたから、元気に働く様子は投稿からわかる。病の心配なんてないわけです。

しかし、念のため間に入った友人には、

「私の体調不安説って、流れているの？」と質問。

「全然、ないよ」と答えが。

そこで「人生の在庫時間」について考えたことを話しました。

「でも、あの人はいわないとわからない。しつこいよ」と友人。

確かに、その方を捨てる人に選んだ理由が「しつこさ」でした。

そこで後日、

「あなたは本当に素晴らしい友。今までつきあってくれてありがとう。でも、もうこの先の人生で会ったり話したりすることはない」という思いを秘めて、

「これまでありがとう！

早寝早起き。熱海生活を。

自分の人生を。ワガママに生きます」

熱海の名産品に一筆箋を添えて相手に送りました。


結果、モヤモヤが晴れスッキリ。相手との縁は切れました。

「つきあい」で失われていく時間は多大です。ただし、この方法は最後の手段。

自己中心的という点は否めませんので、言葉を選び相手も選んでくださいね。

リスクを承知の上で捨てましょう。

そうすることで生まれた時間を、今は自分のために大切に使っています。


人を捨てるときには、スルー・放置・フェードアウトがいいですが、それでもアクセス

してきた人には、吟味した感謝の言葉、「これまでありがとう！」と、自分の意思「自分の人生をワガママに生きます」を手紙やメールで送ります。

ただし、この策は年齢や相手との関係性によっても異なりますから注意してくださいね。

人生の在庫時間を考え、わがままに生きよう

人間関係にも賞味期限がある

友達の数で、幸せは決まらない。

経営者になった33歳の頃は、友人の多さが有利に働いた場面がありました。取引先になりうる人を紹介してくれたり、私の事業に関心を抱いている人と出会ってプロジェクトが始まったり。

著者として初のベストセラーは、「うちでは向かない企画だけど、○○社ならばいい」と、紹介された編集者との二人三脚で生まれました。

年を重ねるにつれ、自分のポジションが明確になります。友人を増やすことよりも、友人に時間を費やすことが億劫になりました。無理して人脈を広げたり、維持したりする必要はない。

信頼できる友人がいるほうが大切です。

人間関係にも賞味期限があるのです。

かつては必要だったが、今は必要がないですし、将来の必要性も感じていない。

そんな人間関係ならば、捨ててしまいましょう。

あなただけではなく、相手もそう感じているからです。

人を捨てることは難しい、荷が重いというあなたならば、モノを通じて今の人間関係を見直すことはできます。

たとえば、年賀状の廃止から始めてみるのは、どうでしょうか？

昔は心がこもった手書きの年賀状だったが、今ではパソコンで印刷したものがほとんど。

さらに正月の過ごし方も変わり、元日からお店は営業しています。

働き方も変わりました。年賀状をゆっくり見る人は減っている。年賀状の価値は変わってきていると思うのです。

年賀状をやめるのが気になる、送ってない人から送られてきた場合は、

「年賀状はやめました、その分の経費は寄付している」（事実です）
私自身、年明けに会うときや、ことあるごとに伝えています。

私は、名刺も、半年分しか取っていません。

こうした人間関係の整理を進めておくと、今つきあうべき相手が見えてきます。

コロナ禍ではなくなりましたが、会社関係者と行く飲み会や、何となく参加していたオフ会なども、厳選するところから始めるのもいいでしょう。

ファーストインプレッション重視で「心躍らない集いには参加しない」「二次会には絶対行かない」などルールを決め、浮いた時間やお金を、やりたいことを全部やるために費やしたほうが賢明です。

賞味期限切れの人間関係が、あなたを腐らせる

相手の急所をつかむ「人たらし」の極意

「人たらし」と聞くと、どこかマイナスなイメージを持たれてしまうかもしれませんが、「臼井流人たらし」は、老若男女を問わず相手をトリコにする、仕事でもプライベートでも人間関係にも活躍するスキルです。

ここで、**「臼井流人たらし」の極意**をお話しします。

これに**該当しない相手は、人間関係を整理する。捨てる目安になります。**

●人たらしのスキルは相手の話をしっかりきちんと聴くことから生まれる

傾聴し、共感や協調、理解や感動を声にする。自分と考え方が違う発言があっても、頭ごなしに否定しないで、いったんは受け入れてから自分の意見を伝えます。

●相手が気づいていないようなことをほめる

「人たらし」は、本人も気づいていないようなところをほめるのが上手です。

「山田さんの〝おはようございます！〟を聴くと、爽快に一日がスタートできる」

「田中さんの企画書は読みやすい。すぐに理解できます」

などと具体的にほめるのです。

●誰に対しても平等に接する

上司や部下、先輩、同僚、後輩、ビジネスの経験が豊富な人と浅い人、地位や名声の有無、親しい人もそうでない人も、変わらない姿勢で丁寧に接します。

有名人だからといって持ち上げたりしませんし、自分よりも年下で仕事の経験が浅い相手だからといって、偉そうな態度はしません。

何かをしてもらったら、その場ですぐに「ありがとうございます」と声に出しますし、間違いや行き違いがあったら、自分から「ごめんなさい」と頭を下げます。

●ミスを許し、学びに変えて相手の信頼を得る

仕事でミスをして落ち込んでいる後輩がいたら、「私も同じようなミスをしたことがあるんだ。そのときはこうやって対処したよ」などといいたくない過去の自分の話をすることで、相手の心に寄り添いながらフォローします。自慢話をしたがる人は多いですが、失敗談はいいたくないものですから効果は絶大。人は心を許してしまうのです。

相手が反省すれば、ミスを学びに変えるよう励まし、相手の信頼を得ます。

あなたの周囲に「人たらし」さんが、たくさんいらっしゃることを願っています。そういう環境はあなたを磨き、人間性を高めるからです。

まったく「人たらし」さんがいないというのならば、事件です。今すぐつきあう人を見直しましょう。

ある程度経験を積み、キャリアを重ねてきたビジネスパーソンやワーキングママさん。

人間関係は数ではありません。質がものをいいます。

身近にいる「人たらし」さんを探そう

あなたは つきあっている人で判断されている

あなたの周囲には「この人は信用できる」という魅力的な方がいらっしゃいますか？

そんな信用できる人が身近にいるのは幸運です。

なぜならば、彼らがあなたの器を決める要素になるからです。

悪い習慣がある人や、モラルの低い人とつきあっていると、自分も次第に自堕落《じだらく》になり、モラルが失われていきます。

人は周囲の環境に引きずられやすい。信用されていないグループとつきあうことは、自分も信用できない仲間の一員と見られるのです。

どんな相手とつきあうかは、自分を判断される材料になることを覚えておきましょう。

私は信用できる人、つきあうべき人を5つの視点で捉えています。

1 噂話や陰口、不平不満を口にする人は捨てる

噂話や陰口を喜々として話す人は信用されません。

「私がいないところでは悪口をいっているに違いない」と相手を疑心暗鬼にさせます。

また不平不満を口にするのは、それがどれだけ相手を不快にさせているか、わかっていない。思いやりに欠けた人。いずれにしても負のエネルギーを持った「時間泥棒」です。

そういう人たちとは混じらないのが先決。つきあう過程で、そういう兆候を感じたら即刻、離れましょう。

それがあなたに「人の悪口を一切口にしない人」という信用を与えます。

2 約束や時間を守らない人は捨てる

約束や決めた時間は守るのは、ビジネスパーソンの鉄則。

口約束でも、破れば期待している相手を裏切ることになり、信用は得られません。

事故や天候急変など不可抗力で、守れないときは早めに連絡。

相手にかける迷惑を最小限にする気配りができる人が、つきあうべき人です。

③ きちんと謝罪できない人は捨てる

トラブルの原因を追及するのは、誰かの間違いやミスを責めるためでなく、同じことを繰り返さないためです。間違いやミスは隠さず報告して謝罪するのが大人のたしなみです。

自分のせいではないという言い訳を優先するのは最悪。聞いているほうは不快になります。当然捨てるべき人です。

④ 相手によって態度を変える人は捨てる

相手の立場によって態度を変える人は、ビジネスシーンではよく見受けられます。

上司や取引先には、「素直で感じのいい人」と思われていても、部下には高圧的な態度を取るような人がこのタイプ。本人は無意識にしているのが大半ですからやっかいです。

こうした態度を周囲の人はよく見ていますから、信用できないという評価を受けてしまいます。

外面がよくても内面が悪い人、誰とでも平等につきあえない人は捨てる相手です。

5 自慢話が多い人は捨てる

自慢話は、相手から高い評価を受けたい、皆に注目されたいという表れ。自分がいつも中心でいたいと思っているため、周囲の立場よりも自分の立場を優先しがちです。

なかには、他人の足を引っ張ったり陥れたりして、自分の評価を上げようとする危険な人もいます。信用という言葉とは真逆の存在ですから捨てるべき相手です。

信用できない人とつきあい続けるのは、不安と苦痛がつきまといます。

自分自身の器を汚すマイナス要素ですから、つきあわない。捨てる。仕事上、関わらなければいけない相手ならば、必要以上に近づかない。距離を置きましょう。

信用できない人が周囲に一人いるだけでも、あなたの評価は下がりかねません。

つきあう相手は厳選する

友人は必要ない。「心友」がいればいい

リアルでもSNSでも、人と関わることは自分のエネルギーを放出すること。体力も気力も、時に忍耐力も使うことになります。

人とつきあうには、多大な労力と時間が必要になるわけです。

真剣に人と向き合うほどに、つきあう人が増えるほどに、負担が増えるばかり。

ですから、つきあう人は厳選しましょう。

友人は必要ない。「心友《しんゆう》」がいればいい。

ここでいう「友人」とは、なれ合い、腐れ縁といった「友人もどき」や、仕事でつながっている「ビジネス友人」、ものごとの捉え方や行動力など自分にはないものを持っている「リスペクト友人」、何かあれば駆けつけてくれる「レスキュー友人」など、あらゆる友人

を含みます。

私は、目的がなくつきあって、時間を侵食されるくらいなら、友人はゼロでもいいと考えています。

強いて作るならば**「リスペクト友人」が一人いればいい**。

つきあうのにラクな友人は、疲れていたり悩みを抱えているときには「癒しスポット」のように思えますが、私は甘えてしまう。堕落していくのです。

ですから現実は「リスペクト友人」が一人いるだけ。

だからといって、人嫌いではないですし「ビジネス友人」や「レスキュー友人」とのつきあいをゼロにしているわけではありません。

彼らとは、ほどほどの距離をとることをモットーにつきあっています。

そんな私ですが、**「心友」は数え切れないくらいいます**。

「心友」とは、リアルで会わなくても、ＳＮＳやネットを通じて会話をしあうトモダチ。

顔は知らない、名前はハンドルネーム、住んでいる場所や職業不詳でも構わない。

元気や勇気、やる気や刺激などが欲しいときに、私から一方的に彼らのメディアにアクセスして、答えを得る心のトモダチです。

私の都合でアクセスするのですから、時間の主導権は握ったまま。優しい人も厳しい人も、人生の先輩も社会人の経験が浅い若者も、選び放題。

私の心の赴くままに会いに行ける「心友」がいれば、あえてリアルな友人作りをしなくてもいいと思っています。

「ネットの世界には、危険な人もいるのでは？」と思う方もいらっしゃるでしょう。公開の場である「投稿」や「記事」に共感したら「いいね」をしたり、時折「コメント」や「リツイート」をするくらいで、相手の素性が明らかでない限りＤＭはしませんから、心配はありません。

「心友」とも深入りはしない

ＳＮＳや音声配信などコミュニケーションツールには、自分の都合がいい時間に、「一日１時間が上限」をルールにしています。

他人の評価は捨てる

他人の評価を気にするのは、人間なら当たり前。悪いことではありません。

問題は、他人の評価に過剰になりすぎること。

自分が求めている人生ではなく、他人の評価に左右される人生を歩んでしまうことです。

振り回され、自分にブレーキをかけて、本来の能力を発揮できなくなったら嫌ですよね。

自分にフォーカスを当て、評価する基準を自分に向ける。他人の評価は捨てましょう。

以前よりも仕事が早くなった、昨年はできなかった仕事が難なくこなせるようになった。

苦手だったプレゼンテーションが好きになった……自分を評価する基準を設定することができれば、仕事はもちろん人生が充実するはずです。


仕事で誰かからネガティブな評価をされても、アドバイスとして受け取り、「批判」だとは思わない。気にしすぎない。

上司からの評価がよくても、同僚からの評価はよくないかもしれませんし、逆の場合もあります。相手はあくまでも自分の「一部」だけを見て評価しているのですから、一つの意見として受け入れたらいいのです。

そして全員に好かれようとしないこと。

嫌われるのは、誰しも気持ちのよいものではありませんが、人はそれぞれ個性の塊。それが出会えば、全員から好かれるのは無理というものです。

特に仕事では、利害関係が発生しているので、普段通りに接していても、誰かから嫌われてしまうのは仕方がないこと。

私は、**他人の評価は気にしない。相手から嫌われてしまったら、「縁がないだけのこと」だと割り切って考えています。**

評価や評判で悩む時間がもったいないのです。

他人の評価を気にすることが意味のないことだとわかっていても、割り切れないこともあるでしょう。そんなときのために「ガス抜き」＝息抜きができる場所を見つけておくのもいいでしょう。

お気に入りのカフェや、都会の夜景を一望できる展望台、遊園地の観覧車など。

気持ちを切り替えることができる場所を見つけておくと、苦しくなったときに自分を冷静に見つめ直せます。

評価や評判で悩む時間は「もったいない」

目的がわからない「集まり」にはオンラインでも参加しない

私は、目的がはっきりしない「集まり」には無料でもオンラインでも、スケジュールの余裕があっても参加しません。

尊敬する人から「あの会はいいよ。勉強になる」と促されても、「何が、どうして勉強になるのか？」「今の私に必要なのか？」即座に答えが出ないのならば、参加はしません。

これはイベントや勉強会、パーティーなど、集まりへのマイルールです。

マイルールは「正しい」「正しくない」というのではなく、自分にとってそこに費やす価値があるかどうか？

ですから、マイルールを他人に押し付けることはしません。

何の説明もなしに、「マイルール」を理由に、相手をイラつかせることはしない。

「あいにく、その時間はオンライン会議が入っていて参加できません」

「残念でなりませんが、先約がありましておうかがいできません」

「申し訳ありませんが、誕生日で内々でパーティーをやりますので参加できません」

という調子で断ります。


そこは、**言葉の省エネ（捨てる）はしないで、断ります**。


「人脈を作るのが目的」「人に会って学びを受けるのが目的」というあなた。

相手に何を望み、自分は何を相手に提供することができますか？

リモートでもリアルでも、単に誰かと会話をするだけで学びになりますか？

「無料でオンラインの集まり。スケジュールも空いているから、これといって目的はないけれど……」というあなた。

「無料」でも時間をそこに費やすのは、お金を払うことと同じです。

スケジュールに余裕があるならば、自分にとって価値を見出せるものごとに時間やお金を使うほうが、賢明なのではありませんか。

社会経験を積み、ポストが上がるほどに、業種や業界を超えてあらゆる誘いが舞い込みます。

ネットには「完全無料」とか「初回体験無料」「（お気に召さなければ）返金保証」というようなオンライン勉強会やサークル募集、教材販売などがあふれています。

そこにはお金持ちになる、成功者になる、絶対損はさせない……ノウハウを提供する集まりをうたったものがあって惹《ひ》かれる方もいらっしゃるでしょう。

対面での集まりは外出自粛の影響で減ってはきましたが、オンラインでの集まりは増える一方です。

だからこそ、**流されず、惑わされない「集まりへのマイルール」をしっかり決めておく必要があります。**

意味のない集まりに時間を費やすほど、私たちはヒマではない

「合わない人」と合わせる技術

ノリがマッチしない人とは基本、人間関係はうまくいかないものです。

そもそも誰とでもうまくつきあうことは不可能ですし、つきあうべき相手でない人もいます。割り切りも必要です。

しかし仕事で関わることが多い相手でしたら、テンションがマッチしない相手でも少しでもいい関係を築きたいと思いますよね。

理想は、相手のテンションに合わせる。

表情や身振り手振り、声のトーンなどを合わせることで、「この人とは気が合いそうだな」と感じ、信頼関係が築きやすくなる。心理学でいう「ミラーリング」を使ったテクニックを講じるのも策です。

ノリがいい人には、自分はノリよく振る舞う。

落ち着いた人には、自分も落ち着いた態度で接するといった、テンションを合わせることで、「この人と一緒にいると心地よい」と感じてもらえます。

誤解しないでくださいね。これはあくまで理想。相手に合わせてテンションを上げ下げするにも、限度があります。

ムリしてやっても、疲れる。はたから見たら痛々しいだけです。

では、表情はどうでしょうか？

楽しそうに話している人には、笑顔で接するが、凹んでいる人には、しんみりした表情で寄り添ってあげるなど、相手の気分に合った表情を心がける。

これだけでも「好感触」を覚えるでしょう。

しかし、相手のテンションが自分の最高潮より数倍も高い場合、あるいは数分の一も低い場合には手の施しようがありません。そういう人とはさよならしましょう。

私はテンションがマッチしない人とも「ミラーリング」のテクニックを使って受け入れますが、それでもダメなら、深入りはしません。

スルーです。それで嫌われたっていいのです。

人間関係の無理は、仕事や時間、お金……人生を構成する要素に悪影響を及ぼしますから、割り切って考えましょう。

気が合わない人とのつきあいは、即刻やめる

チャンスを逃さない「断り方」のルール

チャンスもお金も人が運んでくる。

人づきあいなくして、やりたいことを全部やる！　人生は叶わない。

経験則から、私はそう考えています。

ですから、好ましい人間関係を構築するために、「スクラップアンドビルド」を繰り返しているのですが、不思議なもので著作や講演の仕事は、尊敬できる人や信頼できる人の紹介や声がけで一つもたらされると、続々と入ってくるのです。

また、自分で営業をかけていた企画も決定し、即、執筆に入ってくださいというように、**好ましい人間関係は、時に信じられない量とタイトなスケジュールで仕事を運んできます。**

私は基本的に、仕事は断りません。

ただし、**私でなくてもできる仕事や、私のスキルやキャリアを考慮していない仕事、○○をしてくれるならばお願いしますというような「バーター的仕事」は断固断ります。**

そういう類いの仕事は、好ましい人間関係からは滅多にありませんが、同時期に同様なジャンルの書籍出版の話は何度もありました。

その際のルールは、

「先に決まった予定を優先にする」というシンプルなもの。

ギャラや営業戦略などの条件で迷わないためです。

執筆依頼がS社からあったとします。

すぐに返事をしないで一日考えていたら、新たにT社から同様の執筆依頼がありました。

- S社とT社ではどちらの条件がいいのか
- どちらがおもしろい仕事なのか
- どちらが営業力があるのか？
- 編集者さんとの相性はどうなのか？
- 最近、勢いがあるのはどちらの会社か？

などと迷ってしまうのです。

迷うだけならいいのですが、

「後からさらに条件のいい仕事が来るのでは」などと妄想もしてしまう。

欲に駆られて返事を後回しにするのは相手に失礼ですよね。時間のムダ遣いにもなります。そこで、「先に決まった予定を優先する」を、仕事をする上でのルールに決めました。

ただし、後で入った仕事も、

「別のテーマや違う切り口で、了解していただけないものか？」

「テーマが変えられないならば、刊行時期を8か月後にずらせないか？」

などと、交渉は必ずします。

その際、優先する仕事先の名前は出さず、内容がかぶることだけを伝えます。

断らないことを前提に、本来の仕事のスタイルを捨ててもらう。

仕事のカタチを更新してもらっています。

これで断ち切れになったご縁はありません。

フリーランスの人や経営者に限らず、こんな仕事なら引き受ける、どんなに条件がよくても断るといった基準を設けていないと、迷ったあげくに相手に迷惑をかけます。

あなたが適任だと思って仕事をくださる相手。
あなたの能力を見込んで仕事をくださる相手。
あなたの可能性にかけて仕事を紹介してくれた相手。
そういう人たちを捨て駒扱いにしては、いけません。

仕事の断り方に人間性が出る

SNSの人間関係は、日々整理整頓する

ＳＮＳ上の人間関係に悩んでいる。常に関わっていないと不安を感じる。投稿や確認、配信に夢中になりすぎて睡眠不足になる。仕事と称して面倒なことを無料でお願いされる……ＳＮＳが及ぼす問題を頻繁に耳にするようになりました。

あなたには、心当たりがありますか？

少しでも兆候があるならば、「ＳＮＳの人間関係」を整理しましょう。

私はツイッターを中心にブログやｎｏｔｅ、音声配信「ｓｔａｎｄ・ｆｍ（スタンドエフエム）」や、「ＹｏｕＴｕｂｅ」を使っています。

更新はほぼ毎日していますが、それは著作のＰＲやネタ探し、マーケティングが目的。読者からの質問に答えたり、ちょっとだけプライベートを明かすことで親近感を抱いて

もらい、本や講演に関心を持ってほしいという私なりの目的があってのことです。

ですから、その目的に外れたメッセージやコメントがあっても答えません。

パーティーや勉強会、オンライン女子会などの誘いは、数え切れないほど舞い込みますが、ほぼスルー。参加するか否かは、何度かお会いした方以外は表明しません。

それでSNS上で文句や批判の嵐になっても構いません。

そんなことをする人は、つきあう価値がないから即ブロック（捨てる）します。


これまで、SNSを介して「就職を世話してほしい」「弟子にしてほしい」「（臼井さんの）秘書になりたい」「お金を貸してほしい」「出資をしてほしい」等々、私には考えもつかない驚きのメッセージがありました。

会ったことがない、顔も知らない（SNS上には写真があっても）、どんな仕事をしているのか、どこに住んでいるのか。得体が知れない人に返事をするほど私はヒマではありませんし、そうする必要などありません。

気持ちが悪いし、関わるのはストレスになります。

こうした言動をとる人は、即ブロック（捨てる）します。

私は毎日の更新時に、自分と価値観が合わない人や投稿の言葉遣いが荒い人はブロック（捨てる）します。

SNSの人間関係は日々整理整頓。

「必要のない人は捨て、必要な人だけにする」意識でいます。

繰り返しますが、**SNSにおいても、あなたが思っているほど、相手は気にしていないのです。**

目的なくSNSを始めた方、何となく始めた方、SNSが及ぼす影響力、ストレスや恐怖感を過小評価して始めた方は、立ち止まってほしいのです。

名前も顔も知らない人はもちろんですが、インフルエンサーとして有名な人も、会ったことがないなら、リストから削除することをお勧めします。

そうした人を抱えていても、時間と労力のムダ遣い。「SNS疲れ」に陥るだけ損です。

更新時にストレスを感じる人は、どんどん削除。

私が苦手な分野で活躍している人や、ユニークな活動をしている人でプロフィールが明確な人はフォロー。

スクラップアンドビルドを実践しています。
SNSを整理すれば、心と時間の余裕が生まれます。

リアルもネットでのつきあいも常にスクラップアンドビルド

不要な名刺は1か月で捨てる

ただの知り合いが、社会人になると増えてきます。

ポストが上がり、評価が高まれば、先方はあなたの顔を知っているが、あなたは知らない「妙な知り合い」も増えます。

2年ほど前ですが、「私は臼井さんと懇意にしているから、自分を通せば講演料を抑えられる」という人がSNS上に現れました。

読者からの指摘で知ったのですが、それを口にしている人の名前に覚えがありません。プロフィールを見ましたが、私が関わりたくない世界の人です。

友人でも知人でもなく、私がフォローもしていない謎の人物。

即ブロックして運営者に通報しました。

これは極端な例かもしれませんが、著名人やインフルエンサーなどと「親密さ」をSN

S上でアピールする人はたくさんいらっしゃいます。

賢明なあなたは、それをまともに受け取るとは思いませんが、彼らは注意すべき人。関わらないようにしてください。


人脈づくりに余念がない、SNSでのフォロワーの数を誇る人、あらゆる分野の集いに顔を出して名刺交換に精を出す人……かつて自分にもそういう傾向はありましたが、**「知り合い」が増えても「トモダチ」にはならない。ましてや「人脈づくり」になるかといえば、未知数です。**


そういう行動をとる人を否定はしませんが、**「時間泥棒が多くて大変だな」**と思います。

私は名刺交換をした場合には、一月《ひとつき》を単位に名刺を見返し、名前で顔が浮かばない人や、顔は何となく浮かぶが、何を話したのか思い出せない人は即、名刺を捨てます。

「たった1か月で捨てる？」

驚く方もいらっしゃると思いますが、大切な人やご縁がある人は、1か月の間で何らかのアクションを起こしているもの。ですから、名刺を捨てても問題はないのです。

つながる、会う、話す、質問する、答える、考える……人間関係には多大な時間と労力を私たちは払っています。

あなたが「やりたいことを全部やる」人生を過ごすために、その人は必要ですか？

コロナ禍で自分を見つめる時間が増えた今だからこそ、自分に問うのもいいのではありませんか？

最もやっかいな時間泥棒が人間関係

第⑤章

やりたいことを実現できる人の心の整え方

――ストレスフリーな自分に変わる、ちょっとしたコツ

この章の狙い

書類を見つけるために、デスクの引き出しの中を探し回る。

ポイントカードを取り出すために、財布を引っかき回す。

カギを探して、バッグに手を入れごそごそする。

あなたにも覚えがあるでしょう。

そんなささいなことでも、積み重なればストレスを蓄え、仕事への集中力や行動力も、下がってしまいます。

モノが少ないのは、快適に生きる基本。

「やりたいことを全部やる!」心豊かな人生を送るためには、無視できないことです。

モノを持てば、収納する場所や手間、労力、メンテナンス、時間などが必要になります。

モノに自分が縛られることになります。

人間がモノに縛られるなんて、おかしいですよね。

私は、いわゆる「断捨離《だんしゃり》」を勧めているのではありません。

人生の目的や物事に対する感性は人によって異なりますから、オフィスが散らかっているほうが「創造力」がかきたてられ、いい仕事ができるというクリエーターもいますし、仕事で使うモノの置き場所が、少しでも違っていると気が散ってやる気がでないという研究者もいます。

大切なことは「**人生の目的や幸せにつながるモノしか持たない**」「**負担や不快になるモノは、きっぱり捨てる**」ということ。

本書の最終章では、多すぎるモノや、ざわついた感情などを上手に捨て、最高の環境を作ることで心を整え、最短の時間で最大の成果をもたらす術をお伝えしていきます。

さあ、あなたが求めることが手に入る瞬間は、すぐそこまで来ています。

モノの捨て方で、心が安定する

カタチの有無を問わず、私たちの暮らしは多くのモノと関わり合いながら成り立っています。誕生から今日に至るまで、関わってきたモノは膨大な数に及ぶでしょう。

確かにいえることは、かつては必要不可欠だったが今は不要になったモノがある。その存在すら忘れたモノが、数知れないということ。

あなたの成長に伴い「必要なモノ」は変わってくる。

今の自分にとって必要なモノは何かを見極め、人生の目的や幸せにつながらないモノは捨てることです。捨てなければ、次のステージに進むことはできません。

どんなに大事なモノでも、自分が管理できる範囲にとどめる。

それが**「人生を台無しにしないモノとのつきあい方」です。**

「モノはすべて現役選手」

毎日使い、使えば使うほどなじみ、喜びがこみあげてくるようなバリバリの「現役選手」。なかでも仕事や勉強、技術や技能の上達、練習の強化など、ここ一番というようなときには、**厳選した「スタメン選手」を回すのが要です。**

体と心は正直です。

必要のないモノを手放すことで、心身ともにゆとりができ、やりたいことに集中できるようになります。

全く使っていないのに捨てられないモノには、過去への執着や未練など、あなたの成長を妨げるエネルギーがこもっています。

今使っていないモノは思いきって捨てましょう。その際は、

「今までつきあってくれてありがとう」

「あなたのおかげで成長できました」

と、ねぎらいと感謝を込めて、捨てるといいでしょう。

捨てることへの罪悪感から解放されるだけでなく、その思いはモノにも伝わると思うか

らです。
そんなあなたは素直で優しい。
手放したモノたちも、応援してくれるはずです。

関わるモノは現役選手だけにする

服を捨てると集中力が格段にアップする不思議

身の回りのモノで、あなたが一番手を焼いているのは何ですか？

女性は断トツで、服。男性も同様ではないでしょうか。

同じようなデザインの服が並んでいたり、流行だからお手頃だったからと購入したものの、お蔵入りしている服がクローゼットを占領しているというのは、よくある話です。

「これは着るかな……いつか着るでしょう……そのいつって、いつかなあ？」

そんな迷いが生じるものは、即、捨てることをお勧めします。

何かを選ぶというのは時間と労力を使います。それが心地よい選択ならば、いいのですが、「あれこれ迷う」のはストレス以外の何物でもありません。


「服選び」に迷うほど、生産性がないストレスを覚える時間はありません。

スタメンとして出番のない服はどんどん捨てましょう。

ストレスフリーな状態を作るのです。私は、

●着るとテンションが上がる

●似合うといわれる

この2点を基準に処分しています。

クローゼットとは、服を収納するために存在するのではなく、自分を輝かせてくれる服を最高の状態にキープする場。

クローゼットを開けると、ひと目で「重要な会議のときは、この服！」「苦手な相手との交渉はこれで決まり」「疲労困憊《こんぱい》していても、この服を着れば元気になる」「初対面の相手に心を開いてもらうには、この服」というように、判断できるのが理想。

スッキリした状態を作るのがベストです。

大勢の前でプレゼンをする、気難しい相手と商談を行う、朝イチにやっかいなお客様の相手をする……気が重い予定がいつ入るかわかりません。

ですから、クローゼットの最適化を行い、余計なストレスを受けないように日頃の準備

が必要になってきます。

ちなみに私は引っ越しを機に、洋服ダンスの類いは全て処分。２畳ほどのウォーキングクローゼット一つで、洋服やバッグ、ベルトなどを収納。

ひと目でわかるように、空きスペースは２割ほど設けています。

多くの服を持つと選ぶにも、管理するにも時間と労力がかかります。

クローゼットがストレスをもたらす場所になってしまいます。

最小限の服で最高の自分を魅《み》せる。

そう決めたほうが、集中力や行動力、決断力、創造力……あらゆるプラスの力が湧いてきます。

もう要らない服にストレスを奪われるのは、やめましょう。

服を捨てれば福に恵まれる

自分の力ではどうにもならないことを心配していませんか

ペンシルベニア大学のボルコヴェックらの研究によると、心配事の79％は実際には起こらず、残りの21％のうち、16％の出来事は、事前に準備をしていれば対処が可能である。心配事が現実化するのは、たった5％程度という結果を導き出しました。

このデータを知って納得しました。

私自身、**この3年間を振り返っても、心配したり不安に襲われたり、成果を気にしてヤキモキしていたことが、現実に降りかかってきたのは、2割にも満たないのです。**

取るに足りない心配事に時間を費やすのは、人生最大のムダ遣い。

● **自分の力ではどうにも動かせないことは悩まない** ↓例　コロナ禍の終息・人事異動・プロジェクトの中止やイベントの中止、延期など

●成長につながらないことは悩まない↓例　常に反対意見をする人・根拠のない中傷・居心地が悪い人とのつきあい・噂話など

私はこれらを「心配事」ではなく、「どうでもいいこと」としてスルーしています。

心配事はゼロに越したことはありませんが、心配だからこそ状況をより客観的に見られる。心配や不安を覚えるから努力し、対処策を講じる。最悪の状況を考えて腹をくくる。**「不安は知性の証《あかし》」**だとプラスに捉えましょう。

そして多少の不安がなければ、人は高いパフォーマンスを発揮できないのも事実。

そこで**「不安」を「興奮」に変換しています**。

興奮はパフォーマンスを向上させる、エンジンがかかっている状態。

ドキドキするのは好ましいのです。

プレゼンや会議で大勢の前で話す。大きな取引を決めなければいけない。管理職としてズバッと部下にものをいう。

ここが決め時というような際は、無理にリラックスさせるよりも、「ワクワクしていこう」とか、「興奮しています」「燃えています」などと、心配事を思い浮かべず、自らを奮い立たせたほうが効果的です。

心配事の8割は実際には起こらないですし、不安は興奮に変換すれば、行動力や集中力を高める武器にもなります。

不安は知性の証

行動力がわいてくる！心と体のリセット習慣

就寝と起床の時間を定め、睡眠スケジュール通りに「早寝早起き」を実践していても、やる気が出ない。体のスイッチが入らないでだらけてしまうことは誰にでもあります。

睡眠の深さも時間も十分なのに、シャキッとしない。そんなときはストレッチやスクワット、テレビ体操など軽い運動をしてみましょう。

手足を動かせば、自然と「休憩モード」から「行動モード」へ変わっていきます。

そうやって**体の変化を意識すれば、目的がないダラダラ時間を捨てることができます。**

やる気が出るのを待つという人もいますが、やる気は待つものではなく、たたき起こすもの。

体調不良でもないのに、悠長なことをいって一日ゴロゴロするのは、時間のムダ遣い以外の何物でもありません。

そうはいっても「何をするにも億劫《おっくう》」というときが、あります。

そこでお勧めしたいのが、「常温の水」をコップ一杯、飲むこと。

私は起き抜けに飲んでいますが、腸が反応し、自律神経の働きがスムーズになり、体にスイッチが入ります。

その際、**ただ水を飲むのではなく体全体、隅々の細胞にまで水分が行き渡る。新しい自分が誕生するイメージを抱きながら飲んでいます**。

すると臓器も皮膚も、髪の毛一本、細胞一つ、体のあらゆるパーツが喜んで、いっせいに目覚める感じがするのです。大げさに思う方もいらっしゃるでしょう。

しかし意識して行う行動と無意識の行動では、神経に違いが出るのは科学的にも証明されています。

起き抜けの一杯の水はもちろん、仕事中に「だるい」「集中力が落ちてきた」「考えがまとまらない」というようなときは、デスクから離れて常温の水を飲むといいでしょう。

その際、首や肩を回したり、その場ウオーキングしたり、手足を動かすと、さらに効果的です。

水は高価な銘水や軟水、富士山の雪解け水といった特別なものでなくても構いません。

水道水でもいいのです。

一杯の水が体をリセットする感覚を覚えてください。

私は一日1・5リットルを目安にこまめに補給しています。それが心身のリセットとやる気アップに確かにつながっています。

新しい自分が生まれるイメージを抱きながら水を飲む

怒りは「消す」より笑顔で「上書き」する

怒ることは、自律神経を乱し、心身のコンディションを大きく崩します。

あなたにも覚えがありませんか？

仕事でも人間関係にしろ、怒りを覚えて爆発させたときの疲労感や嫌悪感といったら半端なモノではありませんよね。

その場が収まっても、怒りの影響は尾を引いて冷静な判断や発言ができなくなります。

それで指示や行動をしたら、ミスやトラブルが起こる可能性が大。

怒りのためにムダなことを増やしたら、また怒りが募る。**怒りの悪循環**になります。

怒った瞬間はスカッとするかもしれませんが、あとに待っているのは最悪なコンディションと後悔です。

とはいえ、怒らないようにするのは上級のテクニック。

怒りは瞬間的かつ自動的に起こるのが常ですから、制御は難しいでしょう。

白状しますが私は、かつて**「瞬間湯沸かし器」**でした。仕事や人間関係、社会や経済、自分の力ではどうにもならないことにでも「怒り」を覚えました。

35歳ぐらいまではそれが正直なのだと捉え、怒りをストレートに口にしていました。怒りを口にするのが正義だと考えていたのです。怒りの矛先にされたのは、身近にいた社員や家族、友人。当然、関係は悪化の一途です。

気づいたら周りは利害関係でつながっている人だけ。


そこで、猛省しました。若さゆえの怒りと許されるのは、20歳まで。当時35歳の私には、許されない愚かな行いだと。そして**怒りを覚えたら、まずは目を閉じ、ゆっくり深呼吸。その際は「怒りを口にしても、何のメリットもないぞ」と言い聞かせています。**

それでたいていの怒りは収まるのですが、怒りの根っこが残らないように、最愛の人、たとえばパートナーやお子さん、ペットのワンちゃんや猫ちゃん、好きなアーティストでもいいですから、彼らの笑顔を思い浮かべます。

怒りを最愛の人の笑顔で上書きするのです。そして黙秘。

怒りに任せてその場でいうのはハイリスクですから、真っ当な怒りならば、コンディションを整え、内容を吟味してから後で伝えればいいのです。

怒りを100％捨てるなんて芸当は誰もできませんが、怒りの鎮圧ならば、そう難しくありません。

怒りには何のメリットもない

悔しさや嫉妬は紙に書いてゴミ箱へ

悔しさや嫉妬心は、自分が引き起こしているものです。

誰かをうらやましいと思う。自分もそうなりたいと、「うらやましさ」を原動力に行動をするのは素晴らしいですが、**常に誰かと比べるようになると、心は悔しさや嫉妬の嵐。ストレスで身動きが取れなくなります。**

「悔しさをバネに行動する」と胸を張る友人がいますが、他人との比較をスパッとやめられず「あの人は恵まれている」「あの人がかわいがられるのには理由があって」などと嫉妬の炎を燃やしています。

「余計なことを考えずに、やりたいことをやればいいのよ」とも思いますが。私にだって悔しさや嫉妬心はある。気をつけていないとそれらの無限ループにハマってしまうのです。

人と比べるな、比べるのは過去の自分。頭ではわかっていても、心は納得しにくいのです。

悔しさや嫉妬心。口に出すのもはばかるようなヤジや暴言、不平不満の類いは、紙に書いて眺めて丸めてゴミ箱に捨てましょう。

「データを作りいっぱいになったら、削除する」こともやりましたが、リアリティに欠けてしっくりこないのです。どんな紙でもいいから、とにかく書くことを勧めます。

月末やお給料日などを「書き出し日」に決め、1か月溜まったストレスを吐き出すのもいいでしょう。

ストレスを書き出してみると、心の傾向がわかります。

人への接し方や時間の過ごし方、モノへの捉え方がわかって、

「これはひどい。恥ずかしい」

「もやもやするのは時間のムダ」

「苦言ではなくアドバイスだったのだ」

冷静かつ客観的になれて、「次はこうしよう」という前向きな考え方、行動に変わっていきます。

ストレスがない人などいませんし、我慢強く平静を保っている人がいたら逆に怖い。

いつか大爆発します。

ストレスの餌食になるのは自分だけではないのですから、我慢しないで紙に書いて眺めて、丸めてゴミ箱へポイ！　スッキリするのが賢明です。

ストレスは書いて吐き出し、丸めて捨てる

携帯電話の「営業時間」を決めてストレスから解放を

あなたは携帯電話の営業時間を決めていますか?

「えっ? 考えたこともない……」

365日、24時間営業なんて、過剰労働を強いている方もいらっしゃるかもしれませんね。

今すぐ「営業時間」を決めましょう。

そうでないと、**本当の意味で「休息」ができません**。

深夜や早朝に携帯に間違い電話が入ったとしましょう。

安眠を妨げられ、不快感を抱くのは当然ですし、なかなか寝つけない。メールに着信音を設定していたら、うるさくて迷惑なだけ。

必要かつ緊急な用事であったとしても、深夜や早朝に連絡が来ても対応ができない。

携帯電話の電源を終始オンにする必要など、そもそもないのです。

携帯の営業は「10時開店・19時閉店」が、マイルール。「10時に電源をオンにして、19時にはオフにする」を10年以上続けていますが、快適です。

時に「電話をしたけれど、つながらなかった」とかいわれますが、「急用だったの？」と聞くと、「ちょっとおしゃべりしたかった」「悩みを聞いてもらいたかった」。

仕事ではないプライベートのたわいない話です。

「電源を切っていて正解」

そんな話につきあわされるのはストレスを増やし、時間のムダですからね。

いつでも、だれとでもすぐにつながれる。携帯電話という便利なツールを手に入れた私たちは、使いこなしているようで支配されているのではありませんか？

電源をオン・オフするのは、心身の「リセット」の意味もあります。私は電源をオンにするときは「おはようございます！　今日も張り切っていこう」。オフにするときは「今日もいい日だったね。ありがとうございます！」

そう呟いて心身のバランスを整えています。

携帯電話の営業時間は、ライフスタイルによって異なります。私のルールを参考にしていただいて、心地よい時間を見つけてくださいね。

それだけで、余計な人間関係やつきあいから解放されます。ストレスが減るのは間違いありません。

●携帯電話の過剰労働は、あなた自身も疲れさせる

体が整うと心も整う

健康に自信があった人も、仕事に自信があった人も、コロナ禍でそれらが盤石ではないと知ったのではありませんか？

仕事のミスや人間関係の軋轢など、自分が気を配っていれば防げることではなく、漠然と広がる将来への不安。

これまで経験したことのない不安に私自身、押しつぶされそうです。

仕事をしていれば、上司やお客様から怒られた、取引先の担当者を不快にさせてしまったというような場面は必ずありますが、それにも増して広がる得体の知れない不安。

今は不安とどうつきあうかが求められますね。

不安に押しつぶされそうになったとき、多くの人は肩を落とし、うなだれ、へたり込みますが、何事もなかったように装い、仕事の続きに取りかかる人もいます。

いずれにしても、得策ではありません。

不安に押しつぶされそうになっているという時点で、心身のコンディションは乱れ、平常の考え方や行動はできません。そんな状態で仕事をしても、効果が上がるはずもなく、さらにミスを重ね、「できない自分」「情けない自分」にあきれるばかり。

「頑張れ！」「切り替えろ！」と声にしても、空振りに終わります。


メンタルの問題をメンタルで処方しないほうがいい。


そういうときには、立ち上がって体を動かしましょう。

車の通行が少ない坂道をダッシュしたり、階段の上り下りや速足ウオーキングをするといいですよ。少し汗ばむ程度の運動で、「あら不思議？」。

不安や恐れ心配など、マイナスの感情は吹き飛びます。体に心が引っ張られ、コンディションが整うのです。

「お客様にどう謝罪するのか？」

「友人の誤解をどのように解くか？」

「次の仕事で挽回しよう！」

不安に打ち勝つ対策は、体の状態が整うと続々と浮かんでくるもの。

最適かつ効果的な策が見つかり、踏み出すのもスムーズです。

メンタルの問題をメンタルで処方しない

SNSをメンタルコーチに変える

コロナ禍の外出自粛、リモートワークが続く中で増えてきたのが、SNSにまつわる悩みです。それまでは、フォローしている方の情報や著名人の投稿を楽しみに読んできた程度で自分は投稿をしてこなかった方も、リアルで会えないコロナ禍では、反応が欲しくて、関わるようになった。人恋しさから始めた人もいると聞きます。

ツイッターやフェイスブック、ライン、インスタグラム、note、stand・fm、YouTube、ブログ……あらゆるツールを使っている方もいます。私もその一人ですが、人恋しさから、やっているのではありません。

「いいね」や「シェア」「フォロワー数」「コメント数」には、興味がありません。

私にとって「SNSはメンタルコーチ」なのです。

早起きして7キロのジョギングをするのが日課ですが、その様子を投稿すると決めることで、一日のスタートを気持ちよく切れる。怠けそうになるときには、背中を押してもらっています。

海や山々、草花、自然の写真、グルメやお土産品、趣味の歌では舞台写真……「自分の小さな幸せ」もアップ。これらは、滅入ったときやイライラしたときには「清涼剤」。

ＳＮＳを通じて、何でもないことが幸せだと気づき「パワー」をもらっています。

「いいね」の数が気になる。「コメント」に過剰に反応する。「フォロワー数が増えない」と悩む。人気が欲しくて過激な投稿をする……ＳＮＳにハマったために余計なストレスや問題事を抱えた人を現実に見てきました。

ＳＮＳ疲れという言葉も、よく耳にするようになりましたね。

そういう気配がある方は、何のためにＳＮＳに関わっているのかを見つめてください。

他人の評価なんてどうでもいい。ささやかな日常を楽しむ。

投稿を俯瞰《ふかん》して、自分を見つめるのもいいでしょう。

勢いのある方の投稿を読んで、気持ちを高めるのもいいでしょう。

大切なのは、ＳＮＳに支配される＝気になってしょうがないというのではなく、支配する。自分のペースでＳＮＳに関わることです。

「メンタルコーチ」として、傍らでＳＮＳに支えてもらいましょう。

使いこなせなければ、ＳＮＳには関わらない

おわりに

最後までお読みいただき、ありがとうございました。
いいものたちが喜んでやってくるには、確かな「余白」が必要です。
「余白」ができれば、あなたのやりたいことはすべて叶います。
思い通りの人生を歩むことができるのです。

いつも「真っ白なあなた」でいましょう。
そのためには「捨てる」ことが欠かせません。
実績や成功体験、散々な結果、なれ合い、不要なもの……みんな捨てましょう。
それらは、過去の産物でしかありません。
「真っ白な心」に戻れるあなたであれば、どんな困難も乗り越えられます。
人生を切り開くことができます。
充実した日々が待っています。

嫌いなものや人に縛られる時間を捨ててください。

捨てる勇気を持ってください。


それがあるから、頑張れる。

そのもののおかげで、やる気が湧く。

そのものの存在が、励ましてくれる。

そんなエネルギーが満ちたものを味方にすれば、夢は叶います。


大事にするべきものがわかっている人は、地に足がついています。

多くの人が不要なものたちに縛られる人生を送る中で、あなたは自由に人生を謳歌できるのです。

「余白」をつくりましょう。

あなたの成功を、確信しています。

臼井由妃

著者紹介

臼井由妃　ビジネス作家、エッセイスト、講演家、熱海市観光宣伝大使。
1958年東京生まれ。33歳で結婚後、病身の夫の跡を継ぐ形で専業主婦から経営者となる。独自の発想法と行動力でヒット商品を次々に開発し、通販業界で成功。多額の負債を抱えていた会社を優良企業へと導く。その手法がさまざまなメディアで紹介され、「マネーの虎」（日本テレビ系）に出演。理学博士（「Ph.D.」）・MBA・行政書士・宅地建物取引士等を取得したことでも知られ、実践的な時間術や仕事術、勉強術には定評がある。ベストセラー『やりたいことを全部やる! 時間術』（日経ビジネス人文庫）ほか、『できる大人の伝え方「短く早い」が一番伝わる』（小社刊）など著書多数。
公式サイト：https://www.usuiyuki.com/
公式Twitter「臼井由妃」：
https://twitter.com/dryukiami

「自分《じぶん》にしかできないこと」以外《いがい》、捨《す》てなさい

2021年11月30日　第1刷

著　　者　臼《うす》井《い》由《ゆ》妃《き》
発行者　小澤源太郎

責任編集　株式会社プライム涌光
電話　編集部　03(3203)2850

発行所　株式会社青春出版社
東京都新宿区若松町12番1号 〒162-0056
振替番号　00190-7-98602
電話　営業部　03(3207)1916

印刷　共同印刷　　製本　大口製本

万一、落丁、乱丁がありました節は、お取りかえします。

ISBN978-4-413-23228-9 C0034

青春出版社 臼井由妃[著]の好評既刊

できる大人の伝え方 「短く早い」が一番伝わる

メール・SNS・ビジネス文書・手紙…
オンラインでも「感じがいい」と
思われる人のワンフレーズとは?

ISBN978-4-413-21175-8 1100円+税

短い時間で面白いほど結果が出る! 他人の頭を借りる超仕事術

仕事の8割は人に任せる!

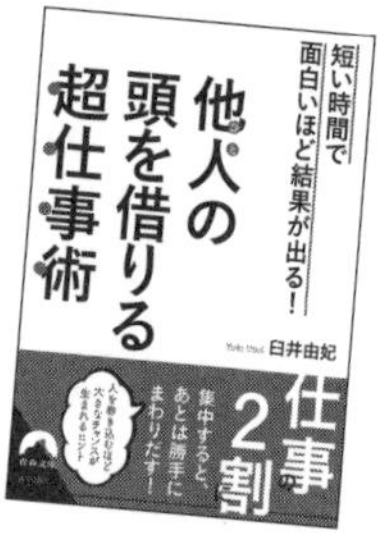

ISBN978-4-413-09711-6 650円+税

話は1分でみるみるうまくなる! 話しベタ・人見知りが武器になる「超」会話術

「うまく話せない」は武器になる!

ISBN978-4-413-09639-3 640円+税

お願い ページわりの関係からここでは一部の既刊本しか掲載してありません。折り込みの出版案内もご参考にご覧ください。

※上記は本体価格です。(消費税が別途加算されます)
※書名コード(ISBN)は、書店へのご注文にご利用ください。書店にない場合、電話または Fax(書名・冊数・氏名・住所・電話番号を明記)でもご注文いただけます(代金引換宅急便)。
商品到着時に定価+手数料をお支払いください。
〔直販係 電話03-3203-5121 Fax03-3207-0982〕
※青春出版社のホームページでも、オンラインで書籍をお買い求めいただけます。
ぜひご利用ください。〔http://www.seishun.co.jp/〕